楽しいアイスブレーキング集

より円滑なコミュニケーションを生むための素材と手法

はじめに

㈶日本レクリエーション協会は、1949年８月に第１回レクリエーション指導者養成中央講習会を開催して以来、50年以上にわたり人々にレクリエーションを提供する専門家の養成に取り組んでまいりました。その半世紀を超える伝統の中で蓄積されてきた重要な技術であり、さまざまなレクリエーション活動のベースとなるものが本書の主題となっているアイスブレーキングであり、それを包含したコミュニケーション・ワークという考え方です。

コミュニケーション・ワークという言葉は、1990年のカリキュラム改訂の際に「コミュニケーション・ワークとしてのゲーム、ソング、ダンス」という標題でレクリエーション・インストラクター養成テキストに登場しましたが、1997年に示され、2002年から完全実施されている最新のレクリエーション・インストラクター養成カリキュラムでは、コミュニケーション・ワークを構成するものとして、アイスブレーキングとホスピタリティをあげています。

さまざまな教室や研修、会合など、不特定の人たちが初めて出会う場面は私たちの暮らしの中に多様にあります。また、パーティーや宴会、親睦会、運動会など、楽しみのための集いも日々の生活に潤いを与える日常生活に不可欠な行事として行なわれています。こうした不特定の人々が集まる場で、人々の少し閉じた警戒している心を楽しく開いていくことができるのがアイスブレーキングなのです。まさに、人と人が出会ったその時に、心を開き、互いのコミュニケーションを深めるきっかけを生み出す「出会いのコミュニケーション・ワーク」です。

一方、ホスピタリティとは、「おもてなしの心」にとどまるのではなく、一人ひとりをかけがえのない存在として認め、その尊厳を尊重しあう「人間尊重の精神を持つ」という、より深い意味を持っています。コミュニケーション・ワークでは、その人間尊重の精神を一人ひとりが高めるためことが、ホスピタリティ・トレーニングを通じて目指されているのです。

レクリエーションには、従来から常にだれをも認め、受け入れていくあたたかさがありました。何よりもそのあたたかさにひかれて、レクリエーション活動に夢中になっていったというリーダーは、少なくないことでしょう。それらがなぜ、生まれてきたのかについての考察をもとに、コミュニケーション・ワークという考え方が再整理されてきたわけです。

本書では、そのうち特にアイスブレーキングについて、その具体的な素材となり、もっとも多くのリーダーが活用しているゲームを取り上げ、紹介しています。ここでもっとも大切にされているのが、「いかに人と人とが楽しさを通じて自然にふれあい、仲間意識をもてるようになるのか」という点です。一般書店には、さまざまなゲーム集が並んでいますが、こうしたコミュニケーション・ワークとしてのゲームリードの方法を、より実践的に示しているものはなかなかありません。その意味では、本書はすべてのレクリエーションを進める専門家の人々のための一書で、アイスブレーキングを有効に進めたいというリーダーにはぜひ参考にしていただきたい内容となっています。

そこにいる人々すべてが、互いを尊重しあい、あたたかで、楽しさにあふれる世界。それは、だれしもが心地よく思う理想的な世界でもあります。コミュニケーション・ワークを基盤としたレクリエーション活動は、そうした世界を生み出す力を持っているものと思います。本書を手に取られたみなさんが、その世界を創るために少しでも活用いただき、その一歩を創りだして頂けたら、これにまさる喜びはありません。

最後になりましたが、著者をはじめ、本書発行にあたってご尽力いただいたみなさまに心から感謝申し上げます。

2002年10月1日
㈶日本レクリエーション協会
会長　川村　皓章

CONTENS

本書を著すにあたって

編集部から本書の企画をいただいた時点で、どんなイメージの本にしたら良いのか、自分でもかなり迷いました。あまたあるゲームの実技集の中で、特徴を強調していくのは思ったほど簡単ではありません。少なくても、「㈶日本レクリエーション協会から発刊している現行の本にはない特徴を持つものとして考えたい」という、自分のこだわりもありました。そして自分なりに悩んだ結果、アイスブレーキングのゲーム内容だけを掘り下げたものではなく、自分自身の体験に基づいて、助言的な部分に重点を置いた実技集にしようという発想が生まれました。素材となるゲームの分類（ジャンル分け）も、いままでにはない分類を試みたものです。

単に、ゲーム素材を参加者の人数（例えば２人組のゲーム、グループのゲームなど）や隊形などにより分類したものではありません。当協会が長年にわたって展開してきた「人と人との交流の尺度」をおおまかな段階で示す「導入段階‥‥交流段階‥‥自己表現段階」という分類にもこだわらない、まったく新しい分け方です。

それは、リーダーを含めた集団に対して、アイスブレーキングの素材がもつ効能や機能を重視して分類するというものです。このような分類が本書をお使いになるみなさんにとって使いやすいものであるかどうかは、残念ながら今の段階では明確な判断はできません。しかし、素材そのものがもつ特性を考えれば考えるほど、アイスブレーキングの素材側から見た分類が必要なのではないかと思うのです。

㈶日本レクリエーション協会サービスセンター部長
三浦一朗

アイスブレーキングのリードとは

素材側からみた分類とは

過去に出版された多くのゲームの紹介本に使用されていた分類とは、おもにリーダーが対象となる集団に対して、適切なプログラムを作成するという視点からのものでした。本書はこれに代わり、「素材がもつ機能を重視して、プログラムを作成しよう」という視点に立った分類が行なわれています。その分類とは次のようなものです。

①リーダーや集団に対しての安心感をつくる
②相手の顔や名前を一致させる
③集団内で自然にふれあえる状況をつくる
④集団をよりダイナミックに交流させる
⑤グループ意識をつくり育てる

以上の５項目で、ゲームの素材がもつ最も大切な機能を中心に分けたものです。もっと細かな分類も可能ですが、リーダーのプログラミングの際に煩雑になることを避ける意味で、５つに絞り込みました。では、それぞれの分け方について解説してみましょう。

①『リーダーや集団に対しての安心感をつくる』

コミュニケーションが充分でない集団を、アイスブレークに導くためには、まずそのリーダー役となる人と集団との間に、一種の安心関係をつくりあげる必要があります。また、個人のレベルからみれば、自分がこの集団の中にいることに、同様の安心を覚える必要もあるでしょう。

以上の意味から、リーダーの楽しさや優しさ、集団に対する配慮などが前面に出てくる素材、また、集団の中に自分が位置づくことに、安堵感を覚えられる協調的機能をもった（集団による同時動作や発声などが協調の素地をつくる）素材を、この項目に集めてみました。

②『相手の顔や名前を一致させる』

アイスブレーキングの過程で行なわれるコミュニケーションのやりとり。その中で最も基礎的で必要な要素とは、相手の言葉に「傾聴する」気持ちをそれぞれが持つということ。と同時に、参加している個人が「自己開示する」ということがバランスよく含まれていることでしょう。

それらの行為が素直に生まれやすいきっかけ的な素材が、この項目の中で紹介されています。素材そのものが持っている機能から、より多くの人たちの顔や名前などが、参加した個人にとって認識しやすく、この集団にいて違和感がないという気分的な位置関係を確保できるような素材です。

③『集団内で自然にふれあえる状況をつくる』

より自然な身体的接触は、言葉によるコミュニケーションのやりとり以上に、相手に対する親近感や、個人の安心感に大きな影響を与えます。いままで、なぜ、ゲームをした後に充実した気持ちや豊かさ、楽しさといった実感が残るのか、その理由に考えあぐくんでいたリーダーや参加者は多いでしょう。じつは、こういう「自然な形での接触が大きな要因となっている」と考えてもよいでしょう。

ここでは、これら身体的な接触を含めて、より広範囲なコミュニケーションをつくりあげ、周囲や関わる相手と協調することが、とても快いという実感をつくりやすい素材を紹介しています。

④『集団をよりダイナミックに交流させる』

アイスブレーキングのプログラム自体に慣れ、集団内での自分の位置関係に安心し、コミュニケーションのとり方も個々で自然に行なえるようになると、一方ではそれらの基礎的なスタンスを使って、他の多くの人とも交流しようとする姿勢も生まれます。リーダーとしても、個々をさらに積極的な姿勢へと導くために、集団の雰囲気を感じ取って、タイミングよく効率的な交流を生む素材を仕掛けていく必要があるでしょう。

個々の持っている性格的特性や自己表現などが生まれやすく、集団内でより多くの出会いとコミュニケーションをつくり出す可能性の大きい素材をここに集めました。

⑤『グループ意識をつくり育てる』

上記①から④までを展開していくと、それまで培ってきたお互いの「傾聴」と「自己開示」の姿勢をさらに発展させることが求められます。グループの一員として、そのグループに強い関心を持ち、グループに対する応援や励まし、共に喜べる体験を共有することが、アイスブレークの完成を目指すうえで一種のゴールとなるからです。つまり、ゲームをグループ化して展開するという手段を通して、個々をさらに活性化する（グループ活動によって個を大切にする）という狙いがアイスブレーキングの完成段階として必要になるわけです。

ここには、グループに対して愛着を持ち、グループの一員として目標をクリアしようとする行動を通して、個々が生き生きとしていくような要素をもった素材を選びました。

以上のように分類したわけですが、素材それ自体は明確な境界線を持つものではありません。リードの仕方によっても機能の濃淡は生じるでしょうし、素材の中には上記の分類では、２つ、あるいは３つに機能がまたがるようなものもあります。その場合には、素材の中で最も重要視すべき機能ということで分類してありますので、この点もあわせて理解してください。

プログラミングについて

ここでは、前項で述べた分類を基本に、プログラミングについて少しふれておきたいと思います。本書では、実施に適した人数、隊形だけではなく、一応の実践時間の目安なども記述されています。

まずは、与えられた時間と空間、参加人数などの条件を加味してプログラミングをすることになりますが、一応のセオリーとしては、各項目からバランスよく摘出して、上記の数字順（①から⑤）に並べれば、素材の機能上、違和感なく進められるプログラムになると思います。しかし、並べるだけで安心するのではなく、ゲームとゲームの間がスムーズに移行できるような、接着剤的なリーダーの指示や工夫も忘れずに考え合わせるようにしておくと良いでしょう。

アイスブレーキングという目標でプログラムを立てる場合に限りますが、④や⑤に分類されるものは、いくら内容が楽しいからといって、単体でプログラム化したり、逆行する流れをつくるのは危険です。④や⑤は、前段部①から③で個々の交流姿勢が確立してはじめて、その機能を発揮する素材なのだということを理解することが大切です。

また、②と③は、機能的にもよく似ている部分があり、双方の要素をもった素材が多いので、順番を入れ替えても充分に活用できます。したがって、アイスブレーキングのための時間がない場合は、②と③の中から１つを選ぶという方法も可能でしょう。

しかし、時間が限られている場合でも、できれば①から④までは展開できるようなプログラムにすることをおすすめします。時間が限られてしまう（参加者に対するホスピタリティが発揮できない）アイスブレーキングというものは、本来、意味がないような気がします。アイスブレーキングプログラムは、そもそも集団の目標達成のために、その素地をつくりあげるための重要なものです。だとすれば、アイスブレーキングに充分な時間配分をする配慮のほうが大切だからです。

アイスブレーキングゲームのリードのポイント

個々のゲームについて、そのゲームを生かす指導方法論的なことは、各ゲームの「ポイント」や「ノート」に記述してありますが、ここでは総論的な意味で集団のアイスブレーキングを考えるとき、私たちが必ず理解しておきたいリードの基本やリードのテクニックについて言及しておきたいと思います。

①リーダーはつねに距離を念頭におくこと

たくさんのリーダーのリードを見てきて感じることは、「上手なリード」をする人ほど距離について敏感であるということです。リーダーと集団、また、集団の中の距離は、近いほど影響力は高まるのは当然ですから、そのための条件整備をどうするかはリーダーの工夫にかかっています。

かりに、机や椅子のない研修室で「アイスブレーキングのゲームプログラム」を展開するとしましょう。プログラムを始める前の集団は必ず、研修室の周囲に散在しています。この状態からプログラムをスタートさせるためにみなさんはどんな工夫をするでしょうか。

「これからゲームを始めます。こちらに集まってください」と促して始めるでしょうか。実はこれでも距離は縮まっていない場合が多いのです。互いの相乗効果が期待できる距離にするために、上手なリードをする人は「肩もみ、肩たたき」を使ったりします。これは集団をリラックスさせるためだけのプログラムではありません。自分と集団、そして集団内の実距離を縮め、自然に集団に発声させる効果を持っているのです。

筆者も「肩もみ、肩たたき」をさせている間に、集団を手中に収められる距離まで近づけ、おおかたの人数や集団の特徴などを把握した後、全員を座らせ、一番いい状態で自分をプレゼンテーションしてスタートすることにしています。

本書に紹介している「ドビン」(P86)「陸・海・空」(P94) などのゲームがうまくいかない(反応がうすい)などと、リーダーから聞くことがあります。これも多くは距離への配慮が足りない結果であり、指す人と指される人の距離を考えれば答えはおのずと出てくるはずです。

さらに、このことは講義などの座学を担当する時にも同様なことがいえます。机の並びはどんな状態か、先頭から空席なく参加者が並ぶことが可能かなど、細かく打ち合わせたり、あるいはその場で席を移動してもらって条件を整えるわけです。距離に敏感であることは、プログラムを成功へと導く第一歩なのです。

②同時動作と同時呼吸

リーダーとして集団を一体化し、雰囲気を盛り上げたいと思うのは当然のことです。では、集団が盛り上がっている状態、集団が一体化した状態とは具体的にどんな時なのでしょうか。私たちの日常にその例を探してみると…。

■プロスポーツの試合におけるスタンドの観衆の応援。
■カラオケで手拍子をしたり、歓声をあげている状態。
■仲間どうしで酒宴をひらき、「イッキコール」をしている時。
■コンサートなどにおける「アンコール」の手拍子やかけ声。
■祝宴などで行なわれる「三本じめ」などの手拍子やかけ声。
■試合前にチームが円陣を組んでかけ声をかける時。

など、さまざまな状況が思い浮かぶはずです。さて、これらの事象には、いったい何が共通しているのでしょうか？　じつに興味深いことですが、それは集団の「同時呼吸、同時動作」という要素なのです。つまり、人間はその帰属する集団の雰囲気を高めるために、なかば本能的に「同時呼吸、同時動作」という方法を使っているのです。したがって、私たちもアイスブレーキングのプログラムの中でこの要素を意識して盛り込む必要があります。

例えば、2人組でジャンケンをする時、「さあ、2人でジャンケンをしてください」と、同時動作と同時発声のための「Q出し」をせずに行なうのと、「さあ、一斉にジャンケンしますよ、セーノ！」と「Q出し」をして行なった場合とでは、ジャンケン後の集団の歓声レベルは明らかに後者に軍配があがります。こうしたことから、集団の「同時呼吸、同時動作」という要素は集団の雰囲気を高め、一体感をつくるのに、いかに効果があるかが理解できるでしょう。

コミュニケーション・ワークのツールである「ソング」（ふさわしい場面で心に響く歌をうたう）や「ダンス」（集団で同時に動くことを楽しむ）という行為には、もともとこの要素が含まれています。だから、あえてこだわる必要性は低いのですが、「ゲーム」の場合は、リーダーが意図的にこの要素を含んだ展開をすることで、よい結果を生むことができるのです。

③非言語的な伝達の重要性

あるデータによれば、リーダーと集団がどんなに良い状態でも、リーダーからの言語だけの情報伝達では、集団は情報の6割程度しか理解できないそうです。つまり、いかに集団は視覚的な要素を含めて、ものごとを理解しているかということの表れのようです。転じて、リーダーの動作や表情がいかに大きな伝達能力を持っているかということもいえるでしょう。

いままで多くのリーダーのリードを見てきて感じることは、動作や表情が豊かで的確であるほど、集団は動きやすいという事実です。

例えば、本書にも掲載されている「グーパー」（P26）や「あとだしジャンケン」（P20）を全く動作なしで誰かに伝えてみてください。100％理解させるのはほぼ不可能に近いでしょう。言い換えれば、リーダーとしては言葉だけに頼ったリードの仕方は、ホスピタリティがないといわざるを得ないということです。

また、集団はリーダーの表情からも多くの情報を得ます。リーダーの表情が豊かで、伝える言葉と連動していることは、リーダーと集団の間の距離感を縮めます。それは表情がなく誉められるより、笑顔で誉められた方が数倍嬉しいのと変わりありません。

それだけ、動作や表情には大きな影響力があるということをリーダーは自覚し、リードの仕方を事前にシュミレートしておくことも大切なホスピタリティと考えます。

さて、リーダーの基本的な姿勢や集団への接し方について述べてみました。「ゲームは楽しければ良い」。この風潮は今も根強く残っています。確かにそれは一面では正しいことといえますが、楽しいという実感＝アイスブレークということには必ずしもならないことをリーダーは自覚すべきでしょう。

楽しいという実感とともに、参加者の中に有機的なコミュニケーションが生まれていることを確認しつつ、次の段階へ進めていける観察力と対応力が、アイスブレーキングを担当するリーダーにとって大切であることは言うまでもありません。

ゲームの「楽しさ」はあくまでも手段であり、その手段によって集団をどういう目的へと導くのか‥‥を常に考え、準備することを基本においてこそ、これらの素材が本来の役割（効果）を発揮してくれることを私たちは忘れてはいけないのです。

これらの素材が、「楽しさ」という尺度だけの消費財という使われ方ではなく、有機的なコミュニケーションを生む文化として、今後も生き続けていくことを願ってやみません。

1

リーダーや集団に対しての安心感を生む

ダルマさん

人数 何人でも
隊形 一重円、扇形などリーダーに注目が集まりやすい形が望ましい
準備 特になし
時間 5分前後

リーダーが参加者に、ある動作をするように命令するゲーム。

すすめかた

①命令のまえに「ダルマさん」という言葉がついた時だけ、参加者はその命令に従う。「ダルマさん」がつかない命令に従うとアウトとなる。
「ダルマさん」のあとには命令がひとつだけという約束をしておく。
例……「ダルマさん両手をあげて」→参加者は両手をあげる。
「はい両手をおろしましょう」→両手をおろしてはいけない。
②リーダーは参加者の間違いを引き出すように、合図を工夫して続けていく。
③「ダルマさん」がつかない時の命令におもわず従ってしまうと集団の中から自然に笑いがおきてくる。

ポイント

◎いかにして、間違える人を多くするかが最大のポイントといえるだろう。そのためには、リーダーは言葉だけで命令するのではなく、動作をしながらすすめること（例示動作)。もちろん「ダルマさん」を頭につけない命令でも、リーダーがあえて動作をすることで、より間違えを引き出しやすくなる。
◎命令よりもわずかながら早く動作をするとより効果的。

◎命令するテンポを早めるよう工夫してみる。
◎リーダーの語調を変化させるのも一手。「ダルマさん、手をブラブラさせましょう。はい！止めて！」などと、「はい！」のところで声を大きく強調すると、間違いを誘発しやすい。
◎不自然な動作から、より自然な動作に戻す時に「ダルマさん」をつけないで命令してみる。
◎「はい！」「さあ！」「それ！」などの言葉を頭につけて命令すると、間違いを引き出しやすい。

ノート

かりに誰も間違えなかったら、こんなにつまらないゲームはないでしょう。つまり、この「ダルマさん」は、ゲームそれ自体が楽しいのではなく、ゲームの楽しさを引き出すリーダーの力量が問われるゲームなのです。当然リーダーとしては、どう命令を構成するのかは緻密な計算が必要です。例えば、1度間違えてしまった人に「今、間違えてしまった人、手をあげてください。‥‥なぜ手をあげているんですか？（ダルマさんがついていない）」など工夫の余地はたくさんあるはず。これを行き当たりばったりでのぞむと、必ず悲惨な結果になります。命令をきちんとシナリオ化し、暗記してのぞむくらいの準備が必要です。

あとだしジャンケン

人数 リーダーのジャンケンが見える範囲なら何人でも可
隊形 リーダーを中心に扇型など
準備 なし
時間 5分前後

リーダーの「ジャンケンポン」の合図に呼応して参加者はすぐ後に「ポン」と発声してジャンケンを出すゲーム。

すすめかた

①「ジャンケン・ポン・ポン」のはじめの「ポン」でリーダーは任意のジャンケンを出し、次に後の「ポン」で参加者はリーダーに指示されたものを出す。
②第１段階では、リーダーと同じジャンケンを出す。
第２段階では、必ずリーダーに対して勝つジャンケンを出す。
第３段階では、必ずリーダーに対して負けるジャンケンを出す。
段階を追うごとに反応が鈍くなり、わざと負けるものを正確に出していくのはなかなか難しい。
③ジャンケンは頭上に出すように促し、リズムを崩さないよう連続させていく。参加者の慣れを見計らって、「ジャンケン・ポン・ポン・ポン・ポン････」というふうに最初のジャンケンの発声を省き、「ポン」だけをリーダーと呼応して続けていくとよい。

ポイント

◎いかにして、参加者の発声を促し、テンポを速くしてリーダーとかけ合いの状況をつくることができるかが最大のポイント。
◎参加者側が慣れてきたら、「ポン」の発声の代わりに、「グー！」「チョキ！」などと自分の出したジャンケンの種類を発声させるという方法をとると、ときおり２種類の声が聞こえたりして

楽しさを付加できる。

◎また、順応度に応じて「ポン」の発声時に、リーダーと違うジャンケンを２種類、両手を使って出すという段階を考えてもよいだろう。

ノート

いかに集団とかけ合いができるかが勝負のこのゲームでは、リーダー自身の例示動作や元気のある発声を集団に投げかけることが重要なポイントとなります。集団に呑まれないような気合も時として必要なのはいうまでもありません。

また、この種のゲームは最後のまとめ方が難しいのも事実です。筆者の経験では一番最後に指を３本出して（ジャンケンを間違えたふりをして）参加者を沸かせて「皆さんの熱気に負けちゃいました」のコメントぐらいでさらりと次へ展開するほうが、まとめを長々と言うより効果的かもしれません。

2拍子・3拍子

人数 何人でも、時に2人組も効果がある
隊形 散在
準備 2拍子の歌と3拍子の歌を選んでおく。2拍子なら「うさぎとかめ」「浦島太郎」、3拍子なら「ふるさと」「ぞうさん」など
時間 5分～8分程度

すすめかた

①まず2拍子の歌を歌いながら、どちらか一方の手を上下に振る動作をする。
②次に3拍子の歌を歌いながら、反対側の手を使って三角形をつくるように動かす。
③「さあ、今度は左右一緒に動かしてみましょう」などと言いながら、ゆっくりと練習してみる。数字をカウントしながら行なうと6つ目で両手がピタリと合うことになる。
④何度か練習を繰り返したあと、みんなで歌いながら一斉に動作をしてみる。
歌は3拍子の曲を使う。両手がうまく連動しない困難さを楽しむゲーム。

ポイント

◎困難さを楽しむというレベルで落ち着くのもよいが、なるべくなら全員が完成するという目標を持ってもよいゲームである。
◎より協調性を引き出すためには、リーダー対参加者全員という形式だけにとらわれず、2人組にして展開するのも効果的である。2人組で向かい合って互いに鑑賞しあう、一方の人が2拍子の手をとり、2拍子だけ手伝ってあげるなどの方法も、より密なコミュニケーションをつくり出すために役立つはずである。

◎参加者が完成レベルになったら、応用としてカウント6つごとに、2拍子・3拍子役の手を交代してみるという展開方法も楽しい。

ノート

古典のゲームといえるほど古くから親しまれているゲームです。ほぼリーダー対全員の形で行なわれているようですが、2人組や3人組で展開すると、少人数が自然にコミュニケートできる材料となるゲームです。より多くの組み合わせをつくりだし、多くのコミュニケーションをつくり出す材料として使うことをおすすめします。

また、完成を目指すなら。上下運動と三角形という認識をさせるよりも、「踊り」の振付だと思って、6種類の動きを覚えましょうという動機付けをしたほうが覚えるスピードが速くなるので試してみてください。

弟子のジャンケン

人数 基本的に2人1組で何組でも。ときに3人組なども効果あり
隊形 2人で向かい合い、散在
準備 特になし
時間 10分前後

すすめかた

①2人で向かい合い「ジャンケンポン」のかけ声のかわりに「デシ、デシ、デシ」と声をかけながら3度目の「デシ」でジャンケンをする。あいこの場合は同様に「デシ」を繰り返しながら勝負が決まるまで続ける。
②ジャンケンの勝負が決まったら、すばやく次の動作をする。
　◎ジャンケンに勝った場合は「あなたは私の弟子（デシ）」と言いながら、「あなた」で両手を前に出し、「私の」で両手を胸につける動作をし、最後の「弟子」で次のジャンケンをする。
　◎負けた場合は反対に「私はあなたの弟子」と言いながら、「私は」で両手を胸につけ、「あなたの」で両手を前に出す動作をし、最後の「弟子」で次のジャンケンをする。
　◎次のジャンケンをし、勝ち負けが決まったら上記のようにすぐ動作と声を出す。以下を繰り返していく。
③以上を続けていき、どちらが言葉と動作を速く正確にできるかを競う。あるいは2人組単位でどれだけ間違えることなく続けられるかを競う。

ポイント

◎口頭のみで説明しようとすると、集団が理解できないゲームの典型ともいえるので、説明の手順は慎重に組み立てるべきだろ

う。リーダーが誰かと２人組になって見本を見せながら説明する手順は必須といえる。

◎相手を自分の動作に引き込むくらいの勢いで「大きな声と大きな動作で」と促すようリードするとよい。

◎リーダーが上手に継続し展開している２人組を見つけ、全員の前で見本を示してもらうという展開も良いだろう。

ノート

集団の中の個々が自然に発声することを促す材料としては、最も効果的といえるゲームです。このゲーム実施後の集団の状況変化は、かなり大きなものが期待できます。それだけに説明手順は難しくとも、アイスブレーキングの重要な材料として、ぜひともレパートリーに加えておきたいところです。一番重要な点は、まず自分が集団に対して見せる見本の動作や発声を、オーバー気味に演出して提示していくということだと思います。さらに、２人組内での勝ち負けという点にこだわらず、２人で協調して、長く続けることを目標にしたほうが良い結果をもたらすはずです。

グーパー

人数　何人でも可
隊形　リーダーを前に扇型、またはリーダーを中心に一重円など
準備　特になし
時間　4分～5分

すすめかた

①第1段階は、片手を上に（あるいは前に）出してパーを出し、もう片方の手はグーにして自分の胸の前に出す。
②リーダーの「セーノ」の掛け声に合わせて参加者は「ヨイショ！」（あるいは「エイ！」など）の発声と同時に両手を入れ替える。入れ替えても上に出す手は必ずパー、胸のところはグーとなる。以上を徐々にテンポを速めながら繰り返していく。
③「みなさん、かなりできるようですね。それではこれはどうですか？」などと言いながら、今度は逆の動作をしてみる。上に出す手はグーになり、胸のところはパーにする。この部分でかなり動作を間違える人が増えてくる。
④さらに、「ヨイショ！」の発声とともに拍手を1回したうえで手を入れ替えてみるとさらに難易度が増し、それにつれて歓声もおきてくる。

ポイント

◎動作の順序（上記①～④）を間違えると、難易度が平易なものから困難なものへという段階的順序とならないため、興味が半減するので注意。
◎手を入れ替える時の掛け声「ヨイショ！」を大きく出させるよう促していくことが大切。しっかり同時発声させることで、全体の統一感をつくるのはもちろん、自然に手に力が入り、より

間違いを多く引き出して歓声があがるという相乗効果が期待できるので、徹底することを心がけたい。

ノート

ゲームの基本中の基本といえるゲームです。アイスブレーキングの時間を担当する場合、このゲームを前段にもってくるリーダーも多いのではないでしょうか。

このゲームを展開し、その反応で集団の状況や性格を感知できるし、どんな場面でも、どんな年齢層でも応用が利くという便利なゲームでもあります。また、参加者の側からリーダーを認識するのに適したゲームでもあります。それだけに進行の手順や演出などは、自分なりに事前に十分練っておくべきです。筆者の場合は、体力テスト風に段階を追って若くなっていくという一連のストーリーをつくり（これがクリアできたら何歳台…というふうに）、集団の意欲をつくり出そうと心がけています。また、集団の同時発声を徹底させることは、その後のプログラムに大きく影響を及ぼすことも忘れてはならない点です。

なかよしグーパー

人数 2人1組で何組でも可
隊形 リーダーを前に扇型、またはリーダーを中心に散在
準備 特になし
時間 4分〜5分

すすめかた

①前出のグーパー（P27）を2人組用にアレンジしたゲーム。2人で1人の体になったという想定で行なう。横に並んで内側の手を組んだ状態で行なうと効果的。
②第1段階は、右側にいる人が手を上に（あるいは前に）出してパーを出し、左側にいる人の左手はグーにして自分の胸の前に当てる。「セーノ」の合図で「ヨイショ」の発声とともに右側の人はグーを胸に、左側の人はパーを上に出す。以下、これを繰り返す。
③第2段階で動作を逆にする。上に出す手がグー、胸にあてる手がパーとなる。以下これを繰り返す。
④第3段階では、「ヨイショ」の掛け声と同時に2人で拍手（お互いに腕を組んでいないほうの手を合わす動作）をしてから、上に出す手がグー、胸にあてる手がパーとなる。以下これを繰り返す。

ポイント

◎前出の「グーパー」同様、集団の発声に気を遣うことが大切。ただし「グーパー」より難易度は当然高くなるので、最初はゆっくりとしたペースでスタートし、徐々にペースアップするほうが良いだろう。
◎2人はとても仲良しというストーリー設定をして、段階ごとに意欲を増す言葉かけを用意しておくとよい。

◎参加者が奇数の場合の対処について、事前に考慮しておくこと。例えばリーダーと組んで見本役をしてもらう、など。

ノート

前出の「グーパー」の発展形といえるゲーム。筆者が平成13年に名作「グーパー」を下敷きにして発案したものです。集団の一体感という点では「グーパー」に一歩譲りますが、2人組で和気あいあいという点も含めて、隣の人とのコミュニケーションを自然に発生させる便利な素材といえます。筆者はグーパー同様、意欲を増すための言葉かけを2人の相性度という尺度でストーリーをつくって展開しています。また「グーパー」の最終段階として、このゲームの④の部分を付け加えるという展開も考えられます。このゲームは、ホールなどの固定座席やバスの中という、参加者の動きがとれない状況でも使える利点があります。ゲームに慣れてきたらみんなで歌いながらの「シンギング・ゲーム」として展開するのも楽しいでしょう。

協調グーパー

人数 2人1組で何組でも。時に3人、4人などの少数グループも可
隊形 リーダーを前に扇型、またはリーダーを中心に散在
準備 特になし
時間 4分〜5分

すすめかた

①2人で向かい合う。お互いに1回拍手をして右手をグー、左手をパーにして相手の前に出す。
②この時、パーは手のひらを上に向けて出し、グーはお互いに相手の出したパーの上に乗せるように出す。
③次の拍手で、今度はグーとパーを逆にしてお互いのパーの上にグーを乗せる。これを2拍子の曲などに合わせて繰り返してみる（例えば「うさぎとかめ」など)。
④2拍子の曲で十分練習したら、曲を「あんたがたどこさ」に変えてすすめてみる。今度は拍手ごとに一定のリズムでグーとパーを出すのではなく、この歌に頻繁に出てくる「**さ**」の部分のときにグーとパーを出すのである。例えば「あんたがたどこ**さ**、肥後**さ**、肥後どこ**さ**‥‥」の「**さ**」の部分でグーとパーを出し、後の部分は拍手を続ければよい。ただし、この歌の最後の部分である「ちょいとかぶ**せ**」の「**せ**」だけは完成の意味をこめて、お互いに両手のひらを合わせる動作をして締めくくる。

ポイント

◎相手の手のひらの位置を意識しすぎると、なかなか上手にできない困難さをねらったゲーム。それだけに2人の間のコミュニケーションは生まれやすいので、リーダーが一方的に展開するというよりは、練習する時間を与えて、そこで生まれるコミュ

ニケーションを大切する視点が求められる。
◎ミスしたらアウトということではなく、2人で協調して間違えないようにという目標設定をし、歌が終わったあと「一度も間違えずにできたチームは2人で手を上げて‥‥」という評価方法のほうがベターだろう。

ノート

傾向として、女性は順応が早くミスが少ないが、男性は多少順応に時間がかかるようです。したがって、男性同士の2人組は女性同士よりもマスターするのに時間がかかることを念頭にいれておいてください。できれば男女で2人1組をつくったほうが進めやすいはずです。

また、このゲームはコミュニケーションを発生させやすい特色を持っていますので、段階ごとにさまざまな2人組をつくって展開したり、最初の2人組を基準に4人組（小グループで円陣をつくり、両隣の人の手のひらにグーをおくように展開）、さらに8人組…というふうに展開すれば、より多くの人との出会いとコミュニケーションを提供する素材として、十分機能を果たすものとなるでしょう。

買い物拍手

人数 何人でも可
隊形 リーダーを前に扇型が展開しやすい
準備 特になし
時間 4分～5分

すすめかた

①「さあ、みんなで魚屋さんへ買い物に行きましょう。私が魚屋さんで売っているものを言ったら、すばやく1回拍手してくださいね。では練習してみましょう。タイ！（拍手）カツオ！（拍手）…その調子です」などと言いながら導入する。
②リーダーは、参加者に魚屋さんで売っているものの名前であれば必ず拍手し、売っていないものに拍手をするとミスになることを念を押して確認する。
③リーダーは拍手のテンポを速く、なるべく大きな動作でするように指示するとよい。
④「サンマ」「タコ」「イカ」「タイ」「メダカ」などとテンポよく続けると「メダカ」で拍手する人が出てきて笑いを誘うことができる。

ポイント

◎このゲームは、参加者の間違いを引き出すことによって笑いを引き出し、周囲をなごやかにする特性を持っている。したがってリーダーのリズミカルな名前の発声、テンポの速め方は重要なポイントとなる。
◎魚の名前の順番を工夫したり、発音が似ているものを続けて言う。例えばサンマのあとにメンマ、サバのあとにソバなどの方法も含めて、自分なりの落としどころを考えたシナリオをつくるとよい。

◎売っている物に拍手する時に、同時に「買った！」という大きな声を出すよう条件を加えるのも効果がある。同様に「パン屋」「八百屋」「コンビニ」などのバリエーションをつくるのも楽しい。

ノート

基本的にこのゲームの成否は、参加者の習慣性（拍手慣れ）をどうつくるかにかかっています。練習段階でしっかりと習慣性をつくる努力をしないと結果はついてきません。習慣性をつくるということは、リーダーの言葉の出し方だけではなく、それと同時に行なうリーダーの動作が大きく影響していることを忘れてはなりません。つまり、リーダーは、拍手してはいけないところで拍手の動作をし（寸止め）、拍手を誘発させる手段を講じることも大切な作戦なのです。したがって、リーダーが動作をせずに、メモを見ながら名前を発声するのは、参加者が聴覚に集中する姿勢を助長するため、威力が半減してしまいます。

経験上ですが、筆者はより習慣性を高めるために名前を言った後、拍手を２回というルールで展開しています。

ジャンケン・ハンカチとり

人数 3人1組で何組でも
隊形 リーダーを中心に小グループ散在が展開しやすい
準備 ハンカチ(3人で1枚)、あるいはお手玉をグループ数分
時間 8分〜10分

すすめかた

①3人組でハンカチ1枚を用意し、ハンカチは何度か繰り返し結んでお手玉ような状態にしておく。
②3人組みは円陣をつくり、お互いに左手同士を手のひらを上にして重ねてお皿をつくる。その上に結んだハンカチをのせる。リーダーが「開いて!」と言ったら、全員右手を上げてジャンケンのパーを出し、同時に大きな声で「パー」と発声する。同様に、「握って!」と言ったら「グー」と発声してグーを上げる。
③リーダーが「はさんで!」と言ったら、参加者は一斉にチョキを出して目前のハンカチをはさみ取る(チョキは上に出さなくてよい)。
④リーダーは「開いて!」「握って!」を連続して言ったり、交互に言ったり、ペースを速くしたりして緊張感を高めながら、「はさんで」の合図をだすように工夫する。
⑤ハンカチをはさみ取れた人にポイントを加えていくという展開ですすめていく。

ポイント

◎対象やリーダーの工夫したストーリーによっては、合図を「パイナップル」「グレープ」「チョコレート」などに変更しても展開できる。
◎床がカーペットや畳のような条件であれば、お皿を作らずにハンカチを3人の等距離におく方法でも展開可能。また、4人で

ハンカチ2個などの変化も考えられる。
◎勝負にこだわりすぎると、かえってコミュニケーションが生まれにくい状況をつくってしまうことがある。取れた人にポイントを加算する方法で、「ポイントゼロだけはぜひ避けてくださいね」などのさらりとした言葉かけのほうがよいだろう。

ノート

なんといってもここはリーダーの合図の出し方で、ゲームのムードが変わってしまうことを認識しなくてはなりません。参加者がほどよい緊張感をもつためにも「パー」と「グー」の動作を力強くさせるようリードしたり、合図のテンポを速めてみたり、最初から「はさんで！」を言うなどの予測しにくい状況をつくる工夫が大切です。また「はさんで！」のかわりに「チョキ！」とか「つまんで！」などの合図を出して、間違えてハンカチを取ってしまう人をつくり出し、そういう場合にマイナス点をつけたりしながら進めると、より笑いやコミュニケーションを引き出すことができるでしょう。そういう点では、このゲームは、参加者がリーダーの人柄を理解しやすい素材といえるかもしれません。

『ゲームじゃなくてもアイスブレーキングはできる』

アイスブレーキングを考えるとき、集団のリーダーとしては何らかのきっかけや仕掛けが大切であることから、特にレクリエーションを学習した人にとっては、アイスブレーキング＝レクリエーション実技という構図に固まりやすい傾向があるようです。確かに、レクリエーション実技には集団が急速にアイスブレーキングできる効果があることは事実ですが、それがすべてではないのもまた事実です。

例えば、集団の中で任意に２人組をつくらせ、自己紹介をさせようとするとき、「お近くの人と２人組をつくりましょう」という条件だけではなく、次のような条件を加えてみてください。

①「男女に関係なく、自分と似ているなと思う人と２人組をつくってみましょう」。２人組ができたら、「自己紹介だけではなく、実際にどこがどう似ているのかを２人で話し合ってみましょう」などとフォローしてみます。

②「自分とは最も違うタイプの人と２人組をつくってみましょう」。２人組ができたら同様に「自分と違うところはどんなところか話し合って見つけてみましょう」。

③「自分と同じ血液型と思われる人と２人組をつくってみましょう」。２人組ができたら「私が合図したら自分の血液型を一斉に発声してください」。「セーノ」…。

などの条件を加えると、単に「自己紹介しましょう」というだけよりもさらにコミュニケーションが深まる状況が確認できるはずです。これを応用すれば「趣味が同じかもしれない人と」「食べ物の好みが一致している人」など、さまざまな条件で、２人組あるいは３人組などができ、自己紹介も楽しく進められるはずです。

こういう素材を集めておくと、単独のプログラムとしてアイスブレーキングタイムを構成することが可能となるでしょう。また、ゲームとゲームをつなぐ時の素材としても使えます。

2

相手の顔や名前を一致させる

ウィンクで集合

人数 40名以上が望ましい
隊形 リーダーを中心に扇型など
準備 特になし
時間 10分～15分程度

言葉を使わずウィンクとまばたき（両目をつぶる）だけの信号で、自分と同じ誕生月の人を集めるゲーム。

すすめかた

①リーダーは参加者に、スタートの合図から数字を表わす言葉は使えないことを伝え、ウィンク１回で１を表わし、まばたきは１回で５を表わすことを伝える。参加者はその信号を使って自分の誕生月を表現し、仲間をなるべく多く見つけなくてはならない。
②スタートの合図で全員一斉にさまざまな人にウィンク、あるいはまばたきの信号を送りあい、同じ誕生月だと思った人と手をつなぐ。
③以下、同様に繰り返していき、制限時間で終了。いったん座らせてから１月から順に全員が集まったかどうかの発表確認をしていく。必ずバラバラな誕生月のグループが現われて楽しい。
④制限時間内に同じ誕生月の人がすべて集まったグループが優秀グループとなる。

ポイント

◎４月、８月、９月などの人は最初からハンディを背負っていることを十分了解させてすすめるとよい。「不公平と言わずに気迫でカバーしてしまいましょうね」くらいの指示が適切だろう。
◎制限時間は、40名から50名くらいであれば３分程度で十分だろう。厳密に計測するのではなく、膠着状態になったら終了す

るという柔軟な方法がベターである。

◎まれにその誕生月が１名の時もありうる。本人は努力しても仲間を見つけられなかったわけで、その場合の賛辞的なコメントも事前に準備しておくとよい。

ノート

　ゲームの性格上、必然的にさまざまな顔合わせをつくりだす特性をもっているので、なるべくたくさんの人の顔と名前を認識するという機能をより生かした展開をしたい素材です。したがって、制限時間内に競うという展開法は原型ではあるのですが、参加者同士に打ち解ける時間がより必要と判断するなら、簡単な自己紹介や握手をしたあとで、お互いにウィンクやまばたきを送り合うというルールにアレンジしていくのも、良い工夫といえるでしょう。

ペア・言われた人だけ

人数 30名〜80名位まで
隊形 リーダーを中心に一重円
準備 特になし
時間 10分前後

すすめかた

①参加者は２人組を作って手をつなぎ、その２人組をくずさないように全体で大きな一重円をつくる。
②リーダーは円の中央で参加者全員に聞こえる声で条件を言う（例えば「Ｔシャツを着ている人」「眼鏡をかけている人」「白い靴下を履いている人」など）。
③ペアのどちらか１人でも条件に該当する人がいたら、そのペアは手をつないだまま円の中央に進み、必ず新しい人と２人組を作って手をつなぎ、空いているスペースに戻る。このとき、リーダーも加わる。
④こうして初めにリーダーが参加することで、常に奇数の人数で行なうため、必ず１人余る人が出てくる。余った人は自己紹介をして次の条件を大声で言う役割となり、ゲームを続行していく。つまり椅子を使わない椅子取りゲームといえる。

ポイント

◎参加者にとってはどうしても椅子取りゲームのイメージが強いため、２人は仲良しで一心同体であることを強調しないと、単独で動いてしまう人が出てくる。リーダーは何度かリハーサル的な手順を組み込もう。
◎椅子を使ったゲームよりも安全性は高いといえるが、それでも中央に集まる人数が多ければ、多少のぶつかりあいも生じる。安全を促すためのコメントも忘れずに。

◎一重円における２人組の間隔を多少広めにとり、みんなが動ける範囲を十分に確保できるよう配慮する。

ノート

リーダーの説明内容にもよりますが、余った人の言う条件が参加者の外見上の条件だけになり、だんだん言うことがなくなってしまうことがあります。こういう場合、リーダーは、例えば「長男、長女」とか「血液型○型の人」とか「この会場に自転車で来た人」など、目に見えているものだけに限らないことを参加者に伝えるといいでしょう。すると、余った人もさまざまな条件を考えはじめ、ときには条件だけでも十分笑える材料（例えば「美男・美女」「○○が食べられない人」などという楽しい条件）を提供してくれることがあります。そのためにも参加者の出す条件の傾向を見極め、必要であれば適切な例示をすべきでしょう。また、新しい２人組になるたびに簡単な自己紹介をするという方法にアレンジすると、より多くのコミュニケーションをつくれる素材として活躍してくれるはずです。

忙しデート

人数 30名以上80名くらいまで
隊形 リーダーを中心に扇型
準備 黒板あるいは待ち合わせ時刻を書いた紙など
時間 15分〜20分

あらかじめ決められた5つの時刻に参加者同士がデートの約束をとりつけ、その後、相手と時刻と待ち合わせ場所を正確に覚えているかどうかを競うゲーム。

すすめかた

①リーダーは午前9時、正午、午後3時、午後6時、午後9時と3時間おきの時刻を板書し、参加者にスタートから制限時間の間に、任意の5人とそれぞれの時間にデートの約束をし、待ち合わせ場所を決めるように伝える。
②参加者はメモをとることはできない。相手の顔と時刻、そして、待ち合わせ場所を正確に覚えるのは自分の記憶だけが頼りとなる。
③こうして約3〜4分の制限時間で、参加者は約束をとりつけていったん終了。その後、リーダーは「午後6時に約束した人！」という具合にコールし、参加者は自分の約束した人と再度出会う。
④どうしても記憶があやふやなため、余ってしまう人や迷子になる人が続出することになる。

ポイント

◎なるべく早く約束を取り付けないと、自分の空いている時間にデートできる人がいなくなるということを伝えたほうがよい。
◎リーダーの指定した時間に、約束をした人と2人組になるわけだが、その時に、2人の記憶が正しいかどうかを確認する意味で、「私がセーノと言ったら、2人で声をそろえて待ち合わせ

場所を発声してくださいね」などと展開する。

◎同じ時間に二重の約束をしてしまう（ダブルブッキング）人がいると迷子が多く出てしまうので、事前に二重の約束をしないよう促す。

ノート

ともするとダブルブッキングした犯人を探すような、また迷子になった人にスポットが当たってしまう展開になりがちなゲームです。しかし、ミスを探すということよりも、このゲームの緊張感を利用して記憶の正しさを競い、集団内の人たちの顔や名前を覚えたり、集団になじんでいくという機能を重視した展開が望ましいと思います。したがって、アイスブレーキングのプログラムの流れの中では、前半に組み込み、このゲームの中でできた２人組をそのまま使って、次の２人組でできるゲームにつなげていくという方法がベターなのではないでしょうか。

あなたの商売は？

人数 2人1組も可能だが、3人1組で審判役を1名決めるとよい
隊形 リーダーを中心に3人1組で散在
準備 特になし
時間 7分～10分前後

すすめかた

①3人の中のひとりを審判役にし、他の2人組は向かい合いジャンケンをする。勝った人が「先攻」となる。
②先攻は、相手を指して「あなたの商売は？」と大きな声でたずねる。たずねられた相手は、すぐに「八百屋」というふうに答えなくてはならない。先攻はこの間10（テンカウント）まで数を数える。もちろん、たずねられた人は、10までに必ず答えなくてはならない。商売は一般的に「○○屋」で通用するものにする。
③答えられたらすぐに「あなたの商売は？」と聞き返し、攻守交代する。
④こうして交互に繰り返す。その際、一度出た商売を二度言ってしまったり、10数える間に答えられなかった場合はアウトとなる。
⑤3人組で対戦相手を変えながら、審判役も交代しながらすすめていく。

ポイント

◎あくまで商売の種類は「○○屋」で一般的に通用するものということで、審判役に判定をお願いするとよい。
◎一度出てきた商売名は、その対戦中では二度使うことはできないが、新たに次の対戦の時には使えるというルールにすると接戦が期待できる。

ノート

最初のうちは快調に商売の名が出てきますが、回を重ねると「うーん」とおもわず唸ったまま、商売名が出てこないもどかしさがあるゲームです。また、そういう状況を見て楽しめるという特性を持っていますので、ぜひ3人組や4人組（審判2名）での展開方法を考えてみてください。2人組だと発想される商売の種類に限界を感じてしまいますが、その点3人、4人になるとかなりいろいろな珍商売が出てきて、それだけでも充分に笑いが生じ、コミュニケーションが進んでいく様子を見ることができるでしょう。

さらに、このゲームの実施中に参加者をよく観察しておき、上手な人を代表とし、模範試合をしてもらうという演出も、集団そのものをアイスブレークさせる効果があります。

株ケン

人数 基本的に2人1組で何組でも
隊形 リーダーを中心に散在
準備 特になし
時間 15分前後

すすめかた

①2人で中腰になって向かい合い、両手は膝の上においてかまえる。ジャンケンをして攻め側と守り側を決める。
②お互いに次の動作をするが、動作の種類は3種類しかなく、それぞれの動作は次の数を表わす。
◎両手とも出さない……………………… 0
◎片手だけを開いて出す（パー）………… 5
◎両手を開いて出す（両手ともパー）……10
※この動作を2人がすることによって、生じる結果（指の数の合計）は、0・5・10・15・20の5種類となる。
③攻め側は、相手の出す数を予測して、自分の出す指の数との合計数を大声で言いながら動作する。
④守り側も、攻め側が数を言うのと同時に、上記の3種類のうちいずれかの動作をする。
⑤2人で出した数の合計が、攻め側の言った数と同じになれば攻め側の勝ち。違っていれば「勝負なし」となり、攻守交代となる。

ポイント

◎最初に2人組をつくって、全員に3種類の動作をさせながら説明を加えていかないと、ルールが理解できない人が多くなるので注意。
◎攻め側になった時には、なるべく大きな声で動作するように指

示すると緊張感が増す。
◎動作を同時に出すために、「セーノ」のかけ声をかけてもよい。

ノート

説明手順をおろそかにすると、全くといっていいほど参加者に伝わらないゲームの代表格。「必ず全員で同時に動作をさせながら…」がキーワードです。伝わったかどうかの尺度として、「攻め側が片手だけ開きながら『20』という人がいます」「両手を開いて出しているのに『5』という人がいます」というリーダーの説明に笑いがおきれば、ルールを理解しているという判断ができるでしょう。

また、このゲームも練習の時点では2人組がもっともふさわしいのですが、その2人組を基準に4人組にして、「剣道ジャンケン」(P82)同様、勝ち抜き戦にすると、応援的な行動が発生し、コミュニケーションも進むはずです。

魚・鳥・木

人数 10～20人前後。複数グループでも可
隊形 リーダーを中心とした一重円
準備 紙を丸めた棒など
時間 15分前後

すすめかた

①参加者はサークルをつくり、リーダーはその中央に入る。リーダーは「魚・鳥・木（ぎょちょうもく）申すか申すか」といいながら円内を回る。参加者は、リーダーの掛け声のあと、声をそろえて「申す、申す」と答える。
②リーダーは、紙の棒で円の誰かを指して「魚」「鳥」「木」のうちいずれかひとつを言う。
③指された人は、「魚」と言われたら魚の名前を（タイ、アジなど）答える。また、「鳥」と言われたら鳥の名前を、「木」と言われたら木の名前を答えなくてはならない。
④①から③を繰り返し、1度出てきた名前を答えてしまったり、指されてから１０数える間に答えられなかった場合はアウトとなり、リーダー役を交代して進める。
⑤指した参加者が正しく答えている間は、繰り返してリーダーを続ける。

ポイント

◎指された人があせるあまりに答えにつまったり、珍答したりという場合に笑いが生じるので、リーダーは、リーダー役になった人に対して、「もう少し近寄って指してみてください」とか「大きな声で指してみましょう」など、緊張感を高めるためのコメントを用意しておくとよい。
◎円内を回りながら急に逆もどりして指したり、例えば「魚・

魚・魚…」というふうに、連続的な指し方をリーダー役にさせるようなフォローも考えておくとよいだろう。

◎「山川海」「衣食住」「和洋中」など、テーマを変えて楽しむこともできる。

ノート

多くの人数でこのゲームを行なうと、えてして一度も指されることがなかった人が出てくる可能性が高いはずです。リーダーと指された人に一斉に注目と関心が集まるという素材の特性を考えると、できるなら一度も指されることがなかった人をつくらないような配慮が必要でしょう。したがって、多くの人数で実施する場合は、説明の時は1グループとなって行ない、実施は複数グループで20名以下の人数に分けたうえで、同時進行していくという方法で展開するとよいでしょう。また、答えがOKだったら、みんなで拍手するという演出を加えるのもアイスブレーキングの目的上、大切な工夫といえます。

フルーツ・バスケット

人数 20人以上
隊形 一重円をつくって椅子に座る
準備 椅子を人数分
時間 10分前後

すすめかた

①リーダー以外の参加者は全員椅子に座る。リーダーは４種類くらいのフルーツの名前（例えばイチゴ、メロン、バナナ、ミカンなど）を全員に割りふる。参加者には、このフルーツの名前が自分の名前の代わりになることを伝える。
②リーダーは、フルーツを割りふる際に、それぞれのフルーツ名の人がほぼ等分になるよう配慮する。
③リーダーは、フルーツ名のうちいずれかを発声するか、「フルーツ・バスケット」と発声する。
④参加者は、自分のフルーツ名が呼ばれたら、素早く別の椅子に移動しなくてはならない。また、「フルーツ・バスケット」と言われたら、全員が別の椅子に移動しなくてはならない。この時、発声したリーダーも椅子に座るため、椅子に座れない人が１人出てくる。その人が次のリーダーとなってフルーツを指定し、これを繰り返していく。

ポイント

◎フルーツの名前を割りふる段階で、なるべく時間をかけない方法をとりたい。「ここからここまでがイチゴです。そしてここからここまでが…」というふうにおおまかに分け、スタートで「フルーツ・バスケット」と発声すればスムーズに展開できる。
◎フルーツの名前を発声するとき、１種類だけでなく同時に２～３種類発声してもよい（例えば「イチゴとバナナ」など）。

◎自分の両隣の椅子には移動できないという条件を加えると、集団の動きがより大きくなる。

ノート

誰もが一度は経験したことのあるゲームの代表格です。一般的なルールで展開すると、コミュニケーションを生むゲームというより、フィットネス的な印象のほうが強い感じがします。ところが、アイスブレーキングの視点から見れば、より多くの顔見知りをつくれる絶好のゲームでもあります。ここは参加者を休憩させる意味も兼ねながら、偶然座った席の両隣の人と簡単な自己紹介や握手、新たにリーダーとなった人の自己紹介を含めて、少しゆっくりめに展開することをお勧めします。

いらっしゃい

人数 30人以上、70人くらいまで
隊形 リーダーを中心に一重円をつくり、着席する
準備 参加者人数分の椅子
時間 10分前後

リーダーあるいはリーダー役の人が、着席することが合図となる椅子取りゲーム。

すすめかた

①リーダーは、円内の任意の人に握手を求めて「○○です。いらっしゃい」（○○は自分の名前）という言葉をかけて、ひとりを円の中に引き入れる。
②連れ出された人は、リーダーと同じように任意の人に握手を求めて「××です。いらっしゃい」と言って引き入れる。もちろんリーダーも続けて任意の人を円内に引き入れる。
③同様に、円内に連れ込まれた人は、着席している任意の人に握手を求めて言葉をかけ、円内に引き入れる。最初に始めたリーダーは、頃合いを見計らって「座った！」と大きな声をかけて着席する。これを合図として、円内にいた人は一斉に空いている席に着席する。
④必ずひとり余る人が出てくるので、自己紹介などをしてもらい、さらにリーダー役となって最初からスタートする。以上を繰り返していく。

ポイント

◎ねずみ換算的に円内に入ってくる人が増えるので、リーダー役の人がタイミングをあやまると、着席している人がいなくなっているということがしばしば起こりうる。リーダーは全員が円内に入るか入らないかのうちに、「座った！」とコールし、座

るよう促すとよい。

◎また、もし前記のようなことになったら、円内にいる人同士で握手を続けて、「合図を待ちましょう」と伝えるのもよい方法である。

◎ただし、リーダー役がひとりだけ連れ出して、すぐ座るのは反則であることを伝えることも忘れずに。

ノート

普通の椅子取りゲームでは、例えば音楽が止まるとかリーダーの合図があるとか、明瞭な合図があります。しかし、このゲームは合図があるものの、相手を引き出すことに熱中して、すぐに反応できない（他の人が座っているのを気づかない）人も出てきて、またその存在を見ていて笑いを誘うというおもしろい効果を持っているゲームです。

したがって「座った！」の掛け声は、必須のルールではなく、リーダー役が座った時が合図としても充分に展開できるし、集団が一斉に動くことによる身体接触などを少なくする効果もあるでしょう。また、アイスブレーキング的には、他の椅子取りゲームよりも集団内の人の顔や名前を覚える効果が高いし、握手を介在させることによるふれあいの促進もねらうことができます。そのためにも、必ず名前の紹介と握手をおりこんだ展開をすることをお勧めします。

数あつまり

人数 30人以上、何人でも
隊形 リーダーを中心に散在、またはリーダーを前にした扇型など
準備 特になし
時間 10分前後

参加者が、リーダーの指定した数を聞きとり、参加者が拍手の数だけの人数のグループを素早くつくるゲーム。

すすめかた

①リーダーが「ひとつ！」と言ったら、参加者は一斉に１回拍手をする。同様に「ふたつ！」と言ったら、一斉に２回拍手をする。以下、同様に参加者は、リーダーの指定した数だけ一斉に拍手をする。
②リーダーは適当なところを見計らって、参加者の拍手のあとに「集合！」のかけ声をかける。
③参加者は、リーダーの「集合」の合図がかかる直前の拍手の数を集まるべき人数として、素早く指定された人数で集まり、その場にしゃがむ。
④リーダーは、必ず「余り」がでるように数を指定する。余ってしまった人は「アウト」となり、自己紹介などをしてもらう。

ポイント

◎実際にゲームをスタートさせる前に、「必ず余る人が出てきます。余った人には……」と参加者の緊張感を高める言葉をかけておくとよい。
◎参加者には腰を落として身構えてもらいながら拍手をさせると、さらに緊張感は高まるだろう。
◎どうしても、集団内の近くにいる人とグループをつくる傾向が

多くなるので、全体の人数を勘案して、「今つくったグループの人とは次は組めない」というルールを付加するのもよいだろう。

ノート

このゲームのおかげで、参加者の持っていた硬い雰囲気がいっきに解けたという体験を持つ人は多いことでしょう。たしかに、緊張の緩和と集団をかき混ぜる目的で、プログラムの中に組み入れることが多い素材です。やはりポイントは、短時間でどれだけたくさんの人との出会いをつくるかでしょう。そのためにも、次につくるグループには、現在のグループの人とは組めないということ（全体の人数によっては不可能な場合もありますが）や、自分が積極的に動かないと余ってしまうということを伝えることが大切です。

さらに、出会いが多くなるという特性を利用して、自己紹介を含めるとまさにアイスブレーキングとしてはうってつけの素材となります。ちなみに筆者は、このゲームに条件を加えて（例えば同じ血液型同士、一斉にジャンケンを出し同じ物を出した人同士で何人組をつくりましょう、など）、小規模にしてゲームとゲームをつなぐという使い方もしています。

背中合わせ鬼

人数 20人以上何人でも
隊形 2人1組でリーダーを中心に散在など
準備 特になし。場合によって合図用のホイッスルなど
時間 5分〜7分程度

すすめかた

①リーダーは2人組をつくるよう指示し、2人組は互いに背中合わせに立って、腕を組む。全体の人数が奇数の場合は、誰かがひとり余るので、最初の鬼役となり、偶数の場合はリーダーが鬼役となる。
②鬼役が「よーい、ドン！」と言ったら、各自組んでいる腕を離して必ず別な人と2人組をつくって背中合わせとなり、腕を組む。
③全体が奇数となるので必ず余る人が出てくる。その人が次の鬼役となり、同様に合図を出して繰り返していく。
④新しい人と組むことができたら、一度手を離して向かい合い、簡単な自己紹介をしてから、再度背中合わせになってゲームをすすめていく。

ポイント

◎お互いに目配せなどをして、次に組もうと約束してしまう様子も出てくるので、事前に「残念ですが、こういうのは反則です」と伝えておくとよい。
◎どうしても近くの人と組もうとする傾向が強くなるので、繰り返すうちに集団が徐々に中央に集まってくる感じになる。そうした場合は条件を加えて、「各自5歩以上走ってから相手を見つける」というように展開するとよい。

ノート

このゲームも、短時間でさまざまな人との組み合わせができる要素があるので、自己紹介などをうまく組み入れて展開することをお勧めします。また、運動量も見込める素材でもあるので、フィトネスや運動がテーマの場合のアイスブレーキングとして生かすことができるでしょう。

ちなみに筆者は、条件をいろいろ変化させて（例えば１０歩以上走ってから相手を見つけましょうとか、この部屋の壁にタッチしてからとか、３人と握手してから、など）使っています。また、慣れてきたら２人組だけでなく、３人組、４人組などでも展開できるので、ゲームとゲームをつなぐ材料としても利用しています。

『～してください』よりも『～しましょう』

筆者も仕事柄、全国各地でさまざまなリーダーのゲーム展開現場を見る機会に恵まれています。これはとても大きな財産であり、自分もその現場でリーダーの展開を見るのはとても楽しみなのですが、最近、頻繁に気づくことがあります。

それはリーダーの話す能力が高く、説明手順、例示する動作、表情、言葉のタイミングなど、すべての面で及第点を越える力があるのに、現場のなかでは集団との距離感をいまひとつ詰めることができないリーダーがいることです。端的に言えば「うまいのに距離感を感じるリーダー」です。これは何が原因なのか、しばらくわからなかったのですが、最近になってもしかしたら…と思うことがあります。それは私たちも何気なく慣用している言葉で「～してください」の連発です。

「～してください」はもちろんお願いや相手に敬意をもって依頼する言葉。集団に動いてもらったり、指示するときに使われます。特にゲームというルールのあるものを伝達するときには当然、頻繁に使われがちです。ですが、動く参加者の立場から見ると「してください。してください」と頻繁に使われるとややうとましい雰囲気になることがあります。

リーダー側には、まるでそういう意識はないのですが、もしかするとこれがリーダーと集団との間に自然に距離感をつくってしまう可能性もないとはいえないでしょう。

それよりも「～しましょう」「はい～します」のほうが柔らかく伝わり、リーダーとの距離感も近く感じるようです。たしかに「～しましょう」は、共に行動しようという意思が含まれています。心当たりのあるかたは、自分の言い回しのうち半分ぐらいを目標にして、意識的に「しましょう」調に変えてみてください。きっと、よりソフトで親近感のあるリーダーの雰囲気を演出することができると思います。

3

集団内で
自然にふれあえる
状況をつくる

金毘羅船々

人数 2人1組あるいは3人1組で何組でも

隊形 リーダーを中心に散在、少人数の場合は扇型など

準備 2人あるいは3人に1枚のハンカチやお手玉など、手に握りやすいもの（ハンカチやタオルの場合は2～3度重ね結びをしてボールのような状態にしておくとよい）

時間 10分～15分程度

すすめかた

①2人1組で向かい合い、お互いに左手同士を、手のひらを上にして重ね、その上にボール状になったハンカチなどをのせる。

②重ねた左手を「臼」、ハンカチを「お餅」に見立てて、「金毘羅船々」の歌を歌いながら2人が交互に右手のひらをジャンケンのパーにして、「お餅」をつく動作をする。

③この動作を繰り返しながら、両者のうちどちらかがこの餅をとる。とられた人は必ず臼（手のひら）の上に、餅の代わりにジャンケンのグーを置かなくてはならない。つまり、臼の上に餅があるときは必ずパーで餅をつき、臼の上に餅がないときは必ずグーを置くということになる。

④歌を歌いながらリズムを崩さずに続けていき、臼の上に餅がないのにパーを出したり、餅の上にグーを置いたりすると「お手つき」となる。こうして30秒前後歌いながらすすめ、「お手つき」の少ない人の勝ちとなる。

ポイント

◎餅つきの動作を大きく、力強く、より餅つきらしい動作にするための言葉かけが大切。また、徐々にテンポを速めていくことも忘れずに。

◎「金毘羅船々」を歌える人が少ないと判断される場合には、童

謡「うさぎとかめ」で代用できる。いずれの歌も２回繰り返えして歌えば約30秒となるので便利。

◎最初の段階では「餅を１回取ったら、続けてとることはできない」というルールで展開するとよい。慣れてきたら「２度までは連続してとることができる」という条件を加えて展開するとよいだろう。

ノート

一種の歌遊び（シンギングゲーム）として和気あいあいのイメージがあるゲームです。したがって勝ち負けを競うというよりも、間違うことなく長く続けられることに価値観をおくスタンスを大切にしましょう。

さらに本来の楽しさを演出するためには、多少の緊張感を加える必要があります。バスの中などの特殊な状況でないなら、最初から３人組で展開するという方法で、ひとりを審判役にし、第三者から見られているという状況をつくると、適度な緊張感を生み出すことができます。さらに三通りの組み合わせができるという点でも効果的でしょう。

エスカレート・ジャンケン

人数 20人以上
隊形 円陣または散在
準備 特になし
時間 10分前後

すすめかた

①リーダーは参加者に3種類の生物「ゴキブリ」「アヒル」「ゴリラ」の動作を伝え、覚えてもらう。それぞれ次のような動作となる。
- 『ゴキブリ』‥‥四つんばいになって這いまわりながら「ゴキゴキ」と発声する。
- 『アヒル』‥‥両手を背中にまわし、かがみながら動き回り「ガアガア」と発声する。
- 『ゴリラ』‥‥両手で胸を叩く動作をしながら「ゴリゴリ」と発声する。

②ゴキブリ⇒アヒル⇒ゴリラ⇒人間の順でランクが上がっていくことを確認して、最初は全員が『ゴキブリ』の状態でスタートする。

③必ず『ゴキブリ』同士でジャンケンし、勝てば『アヒル』になれる。さらに『アヒル』同士でジャンケンして、勝てば『ゴリラ』になれる。同様に『ゴリラ』同士でジャンケンして、勝てば『人間』に昇格して終了となる。

④ジャンケンは同じランクの動作をしている人としかできない。ジャンケンに負けた場合は、どのランクの場合でも『ゴキブリ』から再スタートしなくてはならないことを確認しておく。

⑤以下、人間に昇格した人は円陣をつくっていくとか、ジャンケンを続けている人たちを応援する役にまわるようにリードする。

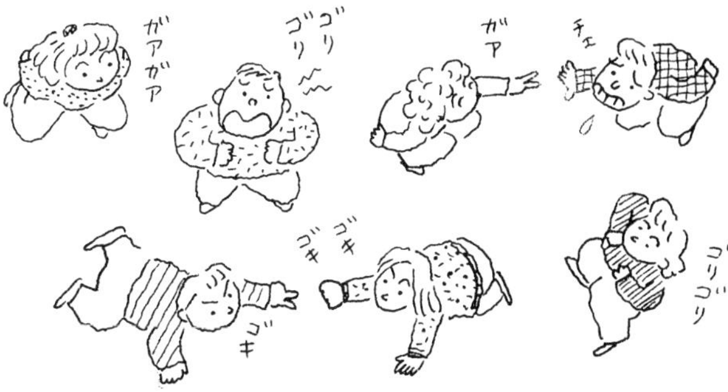

ポイント

◎要するにジャンケンに3回連続して勝たなければ人間になれないことを確認しておくこと。

◎どんな人数であっても、最後に1匹の『ゴキブリ』と1羽の『アヒル』と1頭の『ゴリラ』が残ってしまうという少々酷な部分のあるゲームである。最後に残ってしまった人たちが敗者ではなく、誰よりもたくさんジャンケンをした人たちであることをみんなで認めるような言葉をかけることが大切だろう。

ノート

筆者が昭和54年に創作して、全国学校レクリエーション指導者講習会で、初めて発表したゲームです。以来、さまざまなところで使われ、中には「進化ジャンケン」とか「ゴキブリジャンケン」という名で広まったようですが、原題はエスカレーターをイメージしてつくったものです。

だいぶメジャーなゲームになったと実感するのですが、実際の現場では「罰ゲーム」との併用がみられるのはとても残念です。集団のアイスブレーキングやコミュニケーションを育てるという視点からいうと、「罰ゲーム」という存在自体、あまり意味のあるものではないといえます。かえってプログラムの流れを切る元凶になることが多く、リーダーと参加者の間に距離感が生まれる原因ともなります。それよりも敗者ではないことを集団に認めさせる技量のほうが大切です。また、そうした技量を持っていないと、このゲームは扱えないのかもしれません。

十五夜さんの餅つき

人数 2人1組で何組でも
隊形 リーダーを中心とした扇型
準備 歌詞を板書、あるいは大きな紙にかいたものがあると便利
時間 15分前後

すすめかた

①最初に、このゲームに使う別掲の歌詞を手拍子にあわせて覚える。

(歌詞)
a) 十五夜さんの餅つきは
　トーン　トーン　トッテッタ
　トーン　トーン　トッテッタ
　トッテ　トッテ　トッテッタ
b) *こねた　*こねた　*こね　*こね　*こねた
c) *ついた　*ついた　*つい　*つい　*ついた
d) シャーン　シャーン　シャン　シャン　シャン
e) シャーン　シャーン　シャン　シャン　シャン
f) トッテ　トッテ　トッテッタ

(注意) *の部分は手拍子
　音の高低はない

②2人を餅つきの「つき手」と「こね手」に分ける。「つき手」はテンポが狂わないように、終始上下に手が重なるような手拍子(2拍子)を続ける。
③「こね手」は上の歌詞に合わせて以下の動作をする。
a) 「つき手」に合わせて手拍子を打つが、「テッ」のところだけ、「つき手」の手のひらを素早くたたき、「タ」で自分の手のひらをたたく。
b) まず、*の部分で自分の手のひらを1回たたき、「こね」で、

「つき手」の手のひらの上で餅をこねる動作をしてから、自分の手をたたく。

c）まず、＊の部分で自分の手のひらを１回たたき、「つい」で手のひらを合わせた状態で、「つき手」の手のひらの上につける動作をしてから、自分の手をたたく。

d）「シャーン」「シャーン」で「つき手」の左側で２回手をたたき、「シャン　シャン　シャン」で３回手をたたきながら、２番目の「シャン」で「つき手」の手拍子の間をすり抜けるように右へ移動する。

e）d）と同じ動作を、今度は右側から左側に向かって行なう。

f）「つき手」の手拍子の下･間･上･間･下･間･上で、数字の８を描くように手を７回たたき、「こね手」の動作は終了する。

④「つき手」と「こね手」を交替したり、全体にテンポを早くして実施する。

ポイント

◎最初は全員で「つき手」の手拍子と歌詞を覚えることに集中し、そのあと全員で「こね手」の動作を覚えていくという展開が最も理解しやすいだろう。

ノート

シンギングゲームの最高傑作といわれるこのゲーム。初めて体験した人が一様に感動するのは、細かく計算された動きとスリル、相手との一体感や達成感を感じるからなのでしょう。これからもたくさんの人に親しまれ伝承していきたい素材です。それだけにこのゲームにおいては内容を正しく正確に伝えたいものです。

特に歌詞の「こねた」の部分で、＊を発音して「おっこねた」、「ついた」の部分を「とっついた」と教えるリーダーがいますが、これは明らかに間違いです。この「おっ」「とっ」の部分は発音するつもりで発音しない。つまり、餅つきに力を込めるための気合いという解釈をしてください。

タイ・タコ

人数 2人1組で何組でも
隊形 リーダーを中心として散在。あるいは扇型
準備 特になし
時間 5分～10分前後

すすめかた

①２人でジャンケンをしてタイ役とタコ役を決める。お互いに握手をするような感じで左手同士を合わせ、右手は自由にしておく。
②リーダーは大きな声で「タッタッタッ‥‥」と言いながら、「タイ」か「タコ」のどちらかを発声する。
③「タイ」と言ったら、タイ役の人は右手で相手の左手の甲をたたくことができる。その時タコ役の人は、素早く右手のひらを出して、自分の左手の甲をガードする。
④同様にリーダーが「タコ」と発声したらその逆となる。
⑤リーダーは、合図のテンポやタイミングを計りながら何回か繰り返していく。

ポイント

◎「右手の握手は友情の証し、左手の握手は決闘の合図」などと左手の握手に意味をもたせると、２人の間に緊張感が高まる。
◎リーダーが合図を単調に出してしまうと、参加者は合図のタイミングを予測してしまい、ゲームの面白さを減少させることになるので注意。
◎空いている右手を両者後頭部にあてた状態で行なうと、より動きが大きくなるため、緊張感はさらに増すだろう。

ノート

同様なゲームとして「ジャンケン手たたき」というゲーム（右手でジャンケンをして、勝った方が相手の手をたたく）があります。集団の歓声があがるという点だけ見ると、ほぼ同様なゲームと言えそうです。しかし、実はリーダーと参加者の掛け合いを含めて､緊張感を引き出したうえで参加者が集中し、歓声があがるという点では「タイ・タコ」のゲーム内容のほうがより充実していると言えるでしょう。

それだけに、このゲームも参加者に予測させずに、いかに合図を出していくかが最大のポイントになります。例えば「タイ・タコ」のかわりに「タル」「タマゴ」など紛らわしい言葉なども使ったり、また「タッタッタッ」のところで、語調を突然強めてみたりする展開を事前に組み立てたうえでのぞんでほしいものです。

どじょうつかみ

人数 何人でも可
隊形 リーダーを中心に円陣。または複数人数の小グループで散在
準備 特になし
時間 10分前後

すすめかた

①全員の顔が見えるよう一重円となって座る。各自左手で筒をつくり、右手は人差し指を出して、自分の右隣の人の筒に上から指を入れる。
②リーダーは大きな声で「キャ・キャ・キャ‥‥」といいながら、任意のタイミングで「キャッチ！」と合図を出す。
③この合図で、参加者は左手の筒で左隣の人の人差し指をつかみ、右手の人差し指は右隣の人につかまれないように上に抜く。この動作を合図とともに全員同時に行なう。
④筒で隣の人の指をつかみ、人差し指の方は筒から逃げることができればベストであることを伝える。

ポイント

◎このゲームも「タイ･タコ」（P66）同様、リーダーの合図がポイント。「キャッチ」に至るタイミング、語調の変化などの工夫が必要。
◎ある時点で、筒と人差し指の役割を交替すると、新しい感覚で再度展開できる。
◎ときおり、つかまえたい一心で筒を上に動かしてしまう人も出てくるので、筒の位置は変えないよう伝えておくとよいだろう。
◎合図の変化による楽しさも見逃せない。「拍手」や「ホイッスル」などを使ってみるのも手だが、例えば、合図を物語調にし、

リーダーの話の中に「左」という言葉が出てきたら「キャッチ！」を意味するという方法も、参加者の予測をはずしながら展開できるという点で楽しさを増す工夫といえる。

ノート

一重円で展開する方法は、全体の一体感を演出することにおいて効果的です。また、2人組や少人数の組でもこのゲームは展開できます。こちらの方法は、少人数単位のコミュニケーションを促進していきます。

このような効果を認識して、アイスブレーキング・プログラムの展開上、どちらのやりかたが適切かを判断して活用することが大切です。

いずれにしても、触れ合うことの抵抗感を薄くしてくれる便利なゲームです。「つかまえた・逃げられた」にこだわるより、緊張感からの開放で、コミュニケーションが進んでいく機能を大切にすることが重要です。

重ね手たたき

人数 2人から5人1組で何組でも
隊形 リーダーを中心に小グループで散在
準備 特になし
時間 10分前後

すすめかた

①グループで円陣をつくって向かい合い、リーダーの「1」の合図で、グループの誰かひとりが左手を手のひらを下に向けて、円の中央に出す。「2」の合図でそのとなりの人も左手を出し、「1」で出した人の手の上に重ねる。
②こうして「3」「4」と同様に重ねていき、左手が出尽くしたところで今度は右手を同様に重ねていく。
③左手も右手も出尽くしたら、今度は一番下にある手を一番上に重ねていく。これをリーダーの番号に合わせて進めていく。
④リーダーは、番号をかけていきながら、適当なところで「はい、それまで！」と合図を出す。合図が出たときに一番下にあった手はその手をすばやく抜き、他の手を上からたたく。
⑤それ以外の手は、たたかれないようにすばやく引っ込める。

ポイント

◎全員の手が重なったあと、リーダーは番号をゆっくりとしたテンポに変化させ緊張感を高めるとよい。
◎ゲームの説明は、実際に同時進行の形で参加者にやらせながら、説明を徐々に加えていく方法をとらないと混乱するので注意。
◎手をたたくときは、必ず自分の片方の手が残っているので、その手を引っ込めながらたたかないと、自分の手をたたくことになるということを周知させる。

ノート

素材そのものが持つ雰囲気から、以前には「番町皿屋敷」などのタイトルがつけられたゲームです。これもリーダーの出す合図が重要なポイントを持っています。すべての手が重ならないうちに「はい、それまで!」を言ったり、突然脅かすように「ドカン!」とか「ワッ!」と発声してみたり、つねに参加者の予測をはずすような合図の工夫はいうまでもありません。

これらの工夫をより引き立てるためにも、淡々と番号をかけていく部分をつくるとか、急にスローペースで進めてみるなどの、緩急の工夫も大切です。筆者は過去何回か、わざわざ部屋を真っ暗にして懐中電灯で顔を下から照らし、全体を怪談調に仕立てたことがあります。別な意味で緊張感が増し、このゲームの持つ独特の緊迫感を引き出すことに成功した体験があります。

ジャンケン・チャンピオン

人数 20人以上
隊形 2人組をつくって散在からスタート
準備 特になし
時間 8～10分程度

ジャンケンのトーナメントでジャンケンのチャンピオンを決定するゲーム。

すすめかた

①2人組をつくり、「これが運命のジャンケンになります」などと動機づけをして、まずは2人でジャンケンをし、負けた人は勝った人の後ろにまわり、勝った人の両肩に手を乗せる。
②先頭の人は、任意に次の対戦相手を探すことになるが、負けた人は両肩に手を乗せたままついていく。
③今度は先頭の人同士でジャンケンをし、負けた組は勝った組の最後尾につながっていく。
④したがって、先頭はジャンケンに一度も負けていない人が残ることになる。以上を進めていき、全体で2組（3組になる場合もありうる）になったら、リーダーはストップをかけ、リーダーの司会で決勝戦を行なう。もちろん勝った人がチャンピオンとなる。

ポイント

◎決勝戦の時の演出がポイント。先頭の人以外は全員座ってもらい、全員に見えるような形式で決定戦を行なうとよい。
◎また、○○チーム、××チームという代表によるグループ対抗的な構図をつくり、全員に「ジャンケン・ポン」の発声をしてもらうなどの演出も、このゲームを盛り上げてくれるだろう。
◎決勝戦を終えたあと、負けたチームが勝ったチームのうしろに

つづき、勝ったチームも負けたチームのうしろにつづけば、一重円で展開するゲームなどにつないでいく方法も考えられる。

ノート

レクリエーションゲームの古典ともいうべき素材で、実にさまざまな場面で使われているようですが、意外なことに、「先頭にいる○○さんは多くの参加者の中でただひとり、ジャンケンに一度も負けなかった人です。これはすごいことですね」という誉め言葉を贈っていないリーダーも多いようです。やはり、きちんと賞賛の言葉は用意しておいたほうが良いでしょう。

また、筆者は、後ろの人は全員前の人の肩もみをするようにして、「最後尾の△△さんはまだ一度も肩もみのサービスを受けていません。先頭の○○さん、△△さんのためにもジャンケン頑張ってくださいね」などの動機づけで決勝戦を展開する方法をとっています。

ジャンボ・ジャンケン

人数 20人以上何人でも
隊形 5人1組でリーダーを中心に散在など
準備 紙テープのレイなどを5本×グループ数分
時間 15〜20分前後

5人組を手の指に見立てて、相談しながら他のグループとジャンケンをしていくゲーム。

すすめかた

①リーダーは参加者を5人組にして（割り切れない場合は数組を4人組にして）、各グループに5本ずつ紙テープのレイなどを配る。
②各グループは相談して、親指役、ひとさし指役、中指役…というように役割を決め、親指役から小指役まで順に並ぶ。
③各グループは手をつないだまま、グーの場合は全員がしゃがむ動作、パーの場合は全員立ったままでつないだ手を上に上げる動作、チョキの場合はひとさし指役の人と中指役の人が立ち、あとの3人はしゃがむ動作を練習しておく。
④ジャンケンを出すタイミングは、ふつうのジャンケンと同様で、「ジャンケン」で小さく2回ジャンプし、「ポン」でいずれかの動作をすることになる。
⑤リーダーの合図でスタート。5人組は相手グループを見つけ、何を出すかを相談したら、両グループは対面し、一斉に「ジャンケン」の声を掛けてジャンケンをする。勝ち負けが決まるまで続け、勝ったグループは相手から紙テープのレイを1本もらうことができる。こうして相手グループを変えながらすすめていく。
⑥リーダーは3分間ほど経過した時点で終了の合図を出し、獲得したレイの数が最も多かったグループの優勝となる。

ポイント

◎ひとりでも動作を間違えてしまうとアウトとなり、負けになってしまうことを事前に伝えておくことを忘れずに。

◎ジャンケンを出すタイミングが両グループでズレてしまうと、面白さが半減してしまう。タイミングを含めて練習する手順を加えておくとよい。

ノート

グループ内で同時動作と同時発声があり、ふれあいがあり、集団決定する場面があり、しかもさまざまなグループと対戦できる（顔を合わせる）という点で、短時間のゲームであるわりにはアイスブレーキング効果が高いゲームともいえるでしょう。アイスブレーキングに与えられた時間が短いときなどに、この素材の利用価値は高いといえます。

したがって、プログラムの後半というよりも、中盤に持ってきて、より効果を発揮する素材ともいえるでしょう。また、単発のゲームとしても十分に使えるので、レパートリーに加えておくと、イベント時などたくさんの人数を対象とする時にとても便利です。

お地蔵さん大福食べた？

人数 1グループ8〜10人。何グループでも
隊形 グループで円陣をつくり、リーダーを中心に散在
準備 特になし
時間 10分前後

すすめかた

①グループは立ち上がり、サークルをつくる。1名おじいさん役を決め、おじいさん役はサークルの中央に入ってもらう。残りのメンバーはすべてお地蔵さんの役割となる。
②お地蔵さんは全員右手を上げ、左手は手のひらを上にしておヘソのあたりにおくポーズをとる。
③おじいさんは、サークルになっているお地蔵さんの手のひらの上に、1個ずつ大福を置く動作しながら、時計回りに回る。
④お地蔵さんは、おじいさんが1周して再び自分のところに来る前に、右手で必ず大福を大きな口をあけて食べる動作をしなくてはならない。
⑤おじいさんはたびたび振り返り、お地蔵さんの食べる動作を見つける。この動作が見つかったお地蔵さんはアウトとなり、次のおじいさん役として交代する。以下、同様に繰り返していく。

ポイント

◎おじいさんが1周し、大福が2個になってしまってもアウトとなることを確認するとよい。
◎人と人の間隔が空き、サークルが大きくなっているとおじいさんが不利になってしまうので、サークルの間隔に注意する。

ノート

おじいさんに見つかりたくない一心で(これはある意味、遊びの世界に没頭していることにもなりますが)、決められた動作が変化してしまうことがあります。例えば、左手で直接口の中に放り込むとか、左手がおヘソの位置よりもだんだん胸の位置に近くなるとか…。食べる動作は必ず右手で大福を取って、大胆に口に入れるように例示しておくとよいでしょう。

いずれにしても和気あいあいと楽しめ、自然発生的なコミュニケーションが期待できるゲームです。その特性を生かして、グループ意識を高める目的でグループで行なうゲームの前段階に使用すると、後のプログラムによい影響を与えられることができるでしょう。

「参加者にとって聞きやすい話し方」

ゲームプログラムを展開するリーダーは、ともすると「ゲームを教える」的な発想で参加者に接してしまう傾向もないとはいえないようです。その傾向は、例えば参加者への伝え方に「傾聴してもらうための工夫」がないリーダーが、いまだにたくさん存在するという事実を示しています。

基本は自分の伝える言葉に対し、いかに参加者が注意力を失わないようにするかです。言葉を発すれば、ほぼ理解してもらえるというのは自分の幻想で、参加者にどう注意力を切らさずに傾聴してもらえるかという自分のホスピタリティの問題なのです。

みなさんは現在、テレビ放送のCFの部分で、スローモーションが多用されていることにお気づきでしょうか?情報量が少なくなるにもかかわらず、なぜわざわざスローモーションを使うかというと、他のCFが普通の時間軸で流れていくなかで、突然スローになると視聴者は思わず注視してしまうという作用があるからなのです。このことについては数々のデータでも立証されており、したがって最近のＣＦにスロー映像が多用されているのです。

さて、これは私たちの人前での話し方にも応用できます。自分の話すペースをある部分で意識的に変化させることは、参加者の注意を引きつけるうえで大切なテクニックのひとつと考えてよいでしょう。例えば、ゲームの説明だけでなく、自分がスピーチや講義をするとき、ポイントで少しペースを落として話してみると、参加者がやや傾聴モードになることに気づきます。さらに、自分の言葉の中で、段落や接続詞の部分（「つまり」「したがって」「要するに」など）で少し間を空けて（参加者に一呼吸させて）から、次の話を始めると強調効果は大きくなります。特に接続詞は、次に話す内容を、ある程度予告する意味を持つ言葉でもあるので、語調を強めたり、その後のペースに気を使うべきでしょう。

この工夫だけでも聞いている人にとって、話の構成がわかりやすくなるはず。普段から使っている自分の話し方を、突然変えろといわれても困難ですが、このくらいの工夫ならできそうです。

4

集団を より
ダイナミックに
交流させる

どすこいジャンケン

人数 4人1組で何組でも可
隊形 リーダーを中心に散在
準備 約1m程度の紙テープ（数色あるとよい）を人数分。ホイッスルなど終了の合図が出せるもの
時間 10分前後

すすめかた

①参加者を４人１組の小グループにし、それぞれ小結、関脇、大関、横綱の役割をグループ内で決めさせる。
②リーダーは１グループにつき４本の紙テープを配り、横綱はすべてのテープをおなかにしめる。
③４人１列となり、先頭が小結、以下関脇、大関、横綱の順に並び、小結以外は前の関取の肩に手をかけた状態でゲームをスタートする。小結は相撲の基本であるすり足をしながら、押し相撲の張り手の動作をし、相手になるチームを探す。
④各チームは互いに「たのもう！」と挨拶をかわして、まずは小結どうしでジャンケンをする。勝てば相手チームの関脇とジャンケンできる。さらに勝てば大関と‥‥というふうにジャンケンの勝ち抜き戦を行なう。最後に横綱を破るとそのチームの勝利となり、相手チームの横綱から綱（紙テープなど）を１本もらうことができる。以下対戦チームを代えながら続けていく。
⑤こうして制限時間の３～４分の間に綱を何本とれるかで優勝チームを決定する。ただし、４本の綱すべてがなくなってしまったチームはその時点で終了となる。

ポイント

◎勝負はあくまでジャンケンの勝ち抜き戦なのだが、相撲の勝負らしく演出するのがポイントといえる。４人は同じ相撲部屋の

力士であることを強調し、グループ意識を高めていく。

◎意外にもかなりの歓声が出るゲームなので、終了が明確にわかるような合図をしたほうが効果的。開始の合図も含めてホイッスルのようなものを準備しておいたほうがよいだろう。

ノート

筆者が平成12年に創作したゲームです。高齢者の小グループにいきいきとした動きをつけたくて考案しました。過去の指導経験から、高齢者一般に受け入れやすいゲームの特徴として

★みんなで何かを決定して他のグループと競うというより、自分の貢献がグループに反映するという図式を好む。

★自然に応援する。応援される要素のあるゲームが好き。

★自分の負けや失敗があまり表面化しない。

★ルールがストーリー化、テーマ化されていたほうが理解が容易。

などがわかっていたため、これに沿って考えたものです。このゲームの場合、目に見える成果としての綱が大きい役割を果たしていることがわかります。

剣道ジャンケン

人数 2人1組でもよいが、3人1組の方が効果が高い。何組でも可
隊形 3人で向かい合い、散在からスタートする
準備 特になし
時間 15分〜20分

すすめかた

①リーダーは剣道の決まり手のうち「メン」「ドウ」「コテ」の動作を参加者に伝える。
②「メン」の動作は両手を頭に。
「ドウ」の動作は両手をおなかに。
「コテ」の動作は左手の手首の上あたりを右手のひらで押さえる動作をする。
以上の3種類の動作を発声とともに練習する。動作をするまでのタイミングを統一するために「ヤー　○○!」のかけ声とともに何度か復習する。
③対戦は1対1となり、ジャンケンをして、「攻め」と「守り」に分かれる。
「攻め」側は「ヤー　○○!」のかけ声とともに3種類のうち、いずれかの動作をする。「守り」側も同じタイミングで発声し動作をするが、「攻め」側と同じ発声と動作をすると負けとなる。
④「攻め」側と違う動作をした場合は引き分けとなり、「攻守」を交代して勝ち負けが決まるまで続けていく。
⑤動作そのものを間違ってしまったり、掛け声と動作が合っていない場合（例えば「メン」と発声しているのに「ドウ」の動作をしてしまうなど）は、立場が攻守どちらであっても負けとなる。

ポイント

◎剣道の緊張感をどう伝えるかが最大のポイント。この場合もリーダー自らの見本動作が参加者の動作に与える影響は大きい。リーダーと見本役の2人が見本を見せながらルール説明をすることは当然だか、そのまえにリーダー対全員の形式で動作練習を兼ねながら「私とみなさんとで試合をしましょう。私と同じ動作をしたら負けですよ」などと練習のプロセスを加えておくとよい。

◎普通このルールで十分楽しめる素材だが、ゲーム慣れをしているメンバーの場合などには、少し条件を加えて展開するのも楽しい。例えば「二段打ち」ルール。「ヤー　メン、ドウ！」など決まり手を2回発声し、同時に動作もすばやく「メン」と「ドウ」を行なう。もちろん「守り」側も2種類の動作を行ない、2つ目の動作が一致したら負けとなる。「ヤー　メン、メン！」などの出し方もＯＫとする。

ノート

このゲームの性質上、小グループにして勝ち抜き戦という展開ははずせないところです。自然に仲間を応援しようという行動が出てくるのは仲間を意識し深い関心をつくるという点で、アイスブレーキングの中の重要な要素を実現してくれるものです。

過去にこのゲームをたくさんの書籍が取り上げましたが、いずれも2人1組の1対1という扱いでした。筆者の経験からいえば、このゲームの展開は3人1組となり、練習を通して「先鋒」「副将」「大将」という役割をグループ内で決定し、いろいろなチームと対戦して何勝するかという構成がベストな選択ではないかと思います。4人1組などもよいのですが、少々時間がかかるという点と、ゲーム全体のテンポ感ということを考えると3人の展開をお勧めします。

野球ジャンケン

人数 4人1組で複数組（対戦相手が必要なので）をつくる
隊形 リーダーを中心にグループが散在
準備 得点メモなど
時間 15分前後

投手と打者が野球の動作をしながらジャンケンをして、得点を競うゲーム。三角ベース形式とし、４人対４人の対戦が基本。

すすめかた

①４人で１チームをつくり、対戦相手を決める。キャプテンを決め、キャプテン同士のジャンケンで先攻と後攻を決める。先攻は1番から４番の打順を決定し、後攻（守備側）は投手、捕手、一塁、三塁の守備位置を決め、三角ベースの要領で右ページの図のように位置する。

②投手はボールを投げる動作をしながらジャンケンをし、打者は投手のタイミングに合わせてバットを振る動作でジャンケンをする。

★投手の勝ちなら‥‥ストライクとなり、３つストライクをとれば打者三振でアウトとなる。

★打者の勝ちなら‥‥打者は打ったという扱いになり、まず一塁に進み、守備側とジャンケンする。勝てば三塁に進塁して同様にジャンケンできるが、守備側に負ければその時点でアウトとなる。

★あいこなら‥‥判定はボールとなる。４つ与えると四球となり、その場合のみ打者は上記同様、打者が打って進塁するという扱いになる。

③打者は投手に勝ち、以下、一塁、三塁、本塁（捕手）とジャンケンし、すべて勝つ（４連勝する）と初めて１点となる。つまり１点を取れるか、アウトになるかのどちらかになる（走者と

して塁にとどまることはない)。

④打順の交替は認められないが、守備位置の交替は自由とする。

⑤以上を3回の表、裏まで行ない、両チームの合計点で勝敗を競う。

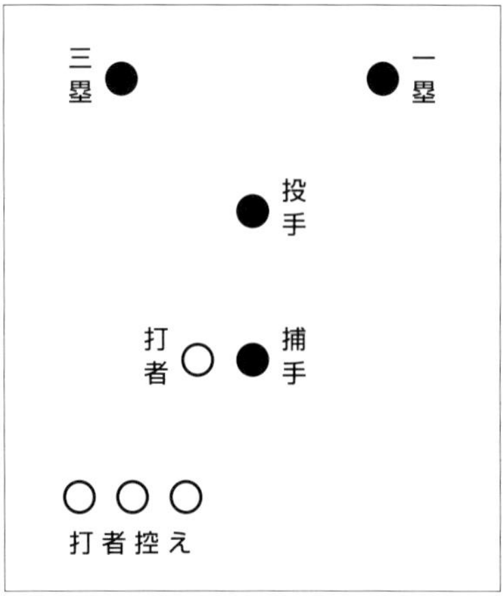

ポイント

◎実際に三角ベース形式をつくってから説明しないと参加者のイメージが固定化しないので、質問攻めにあうことが多い。説明の手順はきちんと整理しておこう。

◎グループ分けは、できれば同じプロチームのファン同士でつくるとより大きな盛り上がりが期待できる。

◎人数によって5人組などができた場合は、攻撃側はそのまま打順を設定し、守備側のときには、審判などを担当してもらうとよいだろう。

ノート

要するにジャンケンの勝ち抜き戦であり、その点では本書に掲載されている「競馬ゲーム」(P98)「どすこいジャンケン」(P80)「エスカレートジャンケン」(P62) と本質的には同じゲームといえます。ジャンケンの形式や演出でこんなに違うゲームに見えてしまうのは驚きです。ともあれ、このゲームはやはり野球らしさをどう伝えるかにかかっています。投手の動作、打者の動作、野球の試合らしい演出が、ゲーム全体を盛り上げるのに重要であることはいうまでもありません。そのことによって、グループ内でより楽しもうとする工夫や集団内でのジョークのかけあい、打者が三塁から本塁へ進塁した時のより大きな応援などが生まれるのもまた事実なのです。

ドビン

人数 10名〜40名くらいまで。8名前後の複数の小グループも可
隊形 リーダーを中心に一重円。小グループで散在など
準備 大きな一重円になりそうな場合は紙を丸めた指し棒など
時間 10分〜15分

参加者は一重円をつくり、リーダーはその中に入る。リーダーは任意に参加者1人ひとりを指していく。指された人は、番号を号令のようにかけていくゲーム。

すすめかた

①必ず1からスタートすることになるが、3・6・9…など、3の倍数にあたった人はその番号のかわりに「ドビン!」と言わなければならない。
②つまり、「1・2・ドビン・4・5・ドビン・7・・・・」という具合に続けていく。
③この間、正しい番号を言えなかったり、「ドビン」を言い忘れたり、つまってタイミングをはずしたりしたらアウトとなり、次回はアウトになった人から「1・2・・・・」と始めていく。
④目標は「15」とし、「15」のところでは「ドビン」のかわりに全員で両手をあげて「バンザイ!」と発声する。以上を繰り返していく。

ポイント

◎小グループで展開するときは、④のところでアウトとなった人とリーダー役の人とを交替する形式で行なうとよい。
◎指す人(リーダー役)と参加者との実際の距離があきすぎていると、なかなかアウトになる人が出てこないことに注意。
◎リーダー役はランダムに誰を指してもかまわないので、順序よ

く指していきながら参加者の予測をはずして、突然、逆もどりして指すなどの工夫が大切である。

ノート

筆者の経験上、このゲームは全体を一重円ひとつで展開するよりも、小グループが和気あいあいと楽しめる材料としての性格を大事にしたほうが、結果的に盛り上がることが多いです。つまり、小グループの中でさまざまなコミュニケーションが生まれる可能性が高い。この点に注目して、この素材をプログラムの中で生かすべきでしょう。また、「ドビン」最大のポイントは、参加者の緊張をどうつくるかにかかります。そこで、アウトになった人が指す人の役になった場合、リーダーは指す役の人に、指すテンポを上げること、少人数にすること（自分の出番が多くなるぞという緊張）、各人の距離を近くすること（「全体的にもう一歩進んで円を小さくしましょう」などの言葉をかける）、迫力ある動作をさせること（相手に対して一歩踏み込むようなつもりで指す）などのコメントを、グループの状況を観察しながら順次追加していくことが大切です。

ほっぺさわり番号送り

人数 5名〜10名くらいまでの小グループ、何組でも可
隊形 小グループで円陣をつくって散在
準備 特になし
時間 15分〜20分

グループが円陣になって座り、となりの人に自分の「ほっぺ」の左右どちらかをさわりながら番号を送っていくゲーム。

すすめかた

①スタートの人は「1」と言いながら、自分の左右どちらかの「ほっぺ」をさわる。右手で右側をさわれば次の番号を言う人は右隣の人となり、逆に左手で左側をさわれば次は左隣の人となる。
②番号を送られた人は、やはり左右どちらかの「ほっぺ」をさわりながら「2」という。同様にして、順に番号を送っていく。
③ただし、5・10・15‥‥などの番号にあたった時だけ動作が違う。5の倍数の番号の時だけは「ほっぺ」をさわらずに、自分の額に手をあてて遠くを見る時のような動作をする。この時、次の番号は指先の方向の人に送られることになる。
④こうして続けていき、言うべき人が番号を言わなかったり、言わなくてもよい人が番号を言ったり、番号をつかえたり、動作を間違えたりしたらアウトとなる。次はアウトになった人が「1」から始める。

ポイント

◎ルールが多少複雑なので、一気に説明しようとしても参加者側の理解がともなわないことが多い。説明手順を整理してのぞむことが大切。
◎間違えたり、詰まったりしたら全員で「カーン」の声をあげる

ようにするとルールの理解度があがる。

◎小グループでしばらく展開したら、各グループから代表を出させて対抗戦という形式をとると仲間意識をつくれる素材として活用できるだろう。

ノート

いまや巷で花盛りの合コンゲームの元祖といえるゲームです。多くのゲームは、このゲームをもとにアレンジされたものと言っても過言ではありません。もともと若者受けする素材ですが、一気に説明しようとしても全員が理解できないのが難点です。ここはまず「5の倍数」という条件を除いたまま（ほっぺをさわるだけの動作）で展開し、しばしグループの状況を見てから条件として加えるのが妥当でしょう。

また、最も気をつけたいのが番号を送るテンポ。ルールを説明したら、リーダーから離れて展開される性格のゲームですから、見本を見せる時に、「これくらいのテンポで番号を送る」というイメージを持たせることが大切です。

チクタクボン

人数 5名以上10名くらいまでの小グループで8組くらいまで
隊形 小グループで円陣をつくって散在
準備 特になし
時間 15分〜20分

グループの一人ひとりが言葉を区切ってリレーしていき、時報を発声するゲーム。

すすめかた

①グループで円陣をつくり、ひとりをスタート役に決め、その人から時計回りに言葉を発声していく。スタート役は「チク」とだけ発声し、次の人は「タク」とだけ発声する。このようにして「チク・タク・チク・タク」と4人が発声し、5人目は「ボン」と発声、これで1時の時報が完成する。
②またすぐとなりの人から、「チク・タク・チク・タク」とまわし、時報のところで「ボン」（1人目)、「ボン」（2人目）というふうに2人で時報を分けて発声すると2時が完成する。
③以下、同様に繰り返し、3時、4時と時報は増えていく。自分の分担を間違えたり、時報が多すぎたり足りなかったり、リズムに遅れたりしたらアウトとなる。
④こうしてどのグループがリズムを崩さず、最も長く正確な時報を打てるかを競う。

ポイント

◎「みんなで協力して、きるだけ正確な時計をつくりましょう」などの動機づけをすると、イメージがつくりやすく効果的。
◎時計のリズムが遅いと難易度はさがる。事前に「これぐらいの速さで実施する」というところをしっかり規定しておくことが大切。

◎スタート役の人を変えながら練習させることも忘れないように。

ノート

グループの中のリーダー的な人が、手の動作を使ってメンバーに指示してしまう傾向も時おり見かけます。これではメンバーが指示どおりに発声するだけのゲームになってしまいます。このゲームは、お互いの心を通じ合わせるという部分を持っている良い素材なので、これでは効果が半減してしまいます。したがって、細かいことではありますが、両手を後ろに組んだ状態で実施させるということも大切なポイントです。

また、全員の前でグループの時計を発表するという構図をしっかりつくり、グループごとに緊張感を持たせた中で実施するという展開が、最もこのゲームの面白いところですが、この時の発表の位置についても、どの位置で展開すればもっとも緊張感を持つかをよく考えたうえで展開しましょう。

木の中のリス

人数 基本的に30名以上
隊形 リーダーを中心に3人組で散在
準備 特になし
時間 10分～20分

すすめかた

①3人組をつくり、うち2人は両手をつないでこれを「木（リスの巣)」とする。残りのひとりは「リス」となって、つないだ両手の中に入る。
②3人組をつくるときに余った人はオオカミ役となり、余らなかった場合はリーダーがオオカミ役となる。
③リーダーの「オオカミが来た！」の合図で、リスは現在入っている木から抜け出して、必ず他の木の中に入らなくてはならない。この時、木の2人は移動してはいけない。
④オオカミ役の人は、リスが移動する時に空いている木の中に入り、リスに変身する。入ることができなかったリスは、オオカミ役となる。
⑤何回か繰り返したら、今度は木を動かすよう工夫する。例えば「木こりがきた！」という合図があったら、木の2人組は手をつないだまま移動して新しいリスを中に入れる（この場合、オオカミ役の人が2人いる場合は手をつないで木になり、リスを入れる。同様にひとりの場合は、リーダーと手をつないで木になり、リスを入れる)。
⑥さらに「大嵐！」の合図があったら、現在の3人組はすべてばらばらになり、まったく新しい3人組をつくる（この時、誰が木になってもリスになってもかまわない)。以下、同様にいずれかの合図で繰り返していく。

ポイント

◎このゲームは常に少ないものを競う形にしておかないと、楽しさの本質を欠落させてしまうことになるので、⑤の（　）の部分は特に注意したほうがよいだろう。
◎合図でリスや木が移動して新しい３人組になったら、その場にしゃがんでもらうと、まだ探して動いている木やリスを観察できて楽しい。
◎３つの合図でそれぞれに該当する人が移動することになるが、全部を一気に説明すると参加者は混乱する。合図を１つずつ加えていく手順をとったほうがよい。

ノート

参加者にルールが正しく伝わりさえすれば、誰が行なっても必ず歓声の起こるゲームです。それだけに、レパートリーに加えている人は多いと思います。一番のポイントは、きちんと整理された説明手順と楽しさの本質部分（足りないからこそ緊張感がある）をはずさないことでしょう。

また、このゲームにはたくさんの出会いをつくる機能もあります。リスに「新しい木に入ったら必ず２人に挨拶してください」などとコメントをすると効果的でしょう。さらに「まだ入ったことのない木へ移動しましょう」とか、木に「まだ、入れたことのないリスを選んで入れましょう」などとひと声かけるだけで、参加者の行動範囲が大きくなっていくことがわかります。

陸・海・空

人数 20人以上、50人くらいまで
隊形 リーダーを中心に一重円をつくる
準備 紙を丸めた指し棒など
時間 15〜20分前後

リーダーが指した人と両隣の人が、3人1組でリーダーの指示したものの動作を素早くするゲーム。

すすめかた

①リーダーは参加者を3人組にしたあと、次の3種類の動作を伝える。

「ゾウ」……3人組の真中の人は、片方の手でお尻の後ろに尻尾をつくり、上半身を前方に倒して、もう片方の手を左右に振り、ゾウの鼻をつくる。右隣の人は右手を頭に当てて手で三角形をつくり、これがゾウの右耳となる。左隣の人は同様に左手を使ってゾウの左耳をつくる。耳はうちわであおぐように振る。三人は、同時にゾウの鳴き声「パオーン、パオーン」を繰り返す。

「クジラ」……真中の人は頭の上で手を合わせてから広げるように動作し、クジラが潮をふく様子を表わす。両側の人は真中の人に体を向けて両手を左右に広げ揺れるようにしながら波を表現する。両側の人は波の音「ザブーン、ザブーン」を、真中の人は「シュワー、シュワー」と潮をふく音を繰り返す。

「飛行機」……真中の人は片足を一歩前に踏み出しながら、両手を体の前で交差させてプロペラをつくる。右側の人は右足を斜め右に出しながら、右手を斜め上に出して翼をつくる。左側の人も同様に左足と左手を出して翼をつくる。3人とも動作と同時に「シュワッチ！」と発声する。

②以上のポーズをポジションを変えながら練習する。練習が終わったら、3人組は解散となる。リーダーは円内を回りながら、

指し棒を使って誰かを指し、同時に3種類の動作のうちいずれかを、例えば「ゾウ！」というふうに指定する。

③指された人が真中役となり、両隣の人が指定された動作を3人で同時に表現しなくてはならない。動作を間違えたり、自分の出番ではないのに動作をしたりするとアウトとなる。以上を繰り返していく。

ポイント

◎アウトになったことにこだわらず、「笑いを提供してくれてありがとう」というスタンスで進めていくほうがよいだろう。

◎展開するうち、参加者の円が広がる傾向にある。ときおり修正しながらすすめよう。

ノート

リーダーにはさまざまな技術的要素が要求されるゲームといっても過言ではありません。正確な説明手順、参加者との距離、例示動作、指し方のテンポとタイミング、迫力、瞬時のコメント対応など、さまざまな要素が高いレベルで融合しないと、このゲームは楽しくならないといってよいでしょう。

特に、指し方のテンポとタイミングは、このゲームの重要な部分です。順に指していったあとの突然の逆戻りや、ひとつ飛ばしなど、十分にイメージトレーニングをしてのぞんでください。ちなみに、筆者はさらに間違える人を増やす目的で、「クジラ」の代わりに「カンガルー」というジャンプの動作を含んだものに変えて展開しています。

「グループ意識を育てる小さな演出」

グループゲームを展開すればグループ意識は育つ…確かにこれも大部分では言い得ているのですが、より効率よくグループ意識を育てていくためには、リーダーはその序章的なところで、仕掛けをつくっておくことが大切です。

参加者にとってみれば、いきなり「これがグループです。目標に向けて頑張ってください」と言われても、なかなか集団の中でのスタンスの切り替えは難しいものです。

特にアイスブレーキングを担当するリーダーとしてはワンクッションでよいからそれを緩和させるための動機づけをしておく必要があるでしょう。

さてその動機づけとは、例えば、

①グループの名前をみんなで話し合って決めてもらい、発表する。
②紙テープなどを準備し、グループ全員が同じ色のはちまきをする。
③ゲーム実施の前にグループ全員で握手をしたり、サークルをつくり、掛け声をかけて一体感を演出する。
④例えば勝ったら、正解したら、あるいはＯＫだったら、グループ全員でする動作を事前に相談して決めてもらう。
⑤グループ全員を家族という想定にして、家族構成をそれぞれ決めてもらう。
⑥グループにひとつキャラクターグッズを決めてもらい、それをグループ名にする。
⑦ グループで話し合い、どんなことでもよいから全員の共通点を見つけてもらってグループ名にする。

以上のようなことです。言い換えれば小さな演出ですが、これらの動機づけは、後のグループの活動に少なからず影響を与えます。このような演出はゲームの実技書には出てきませんが、実は大切なアイスブレーキング手法なのです。

自然にグループの仲間に対して応援したり、自分のお手柄でもないのに共に喜べたりする現象は、グループに与えられる負担感のない楽しい課題や統一的な行動から生まれたりするものなのです。

5

グループ意識をつくり育てる

競馬ゲーム

人数 1チーム10人前後、4または6チームが望ましい
隊形 各チームが円形になって座る（またはテーブルなどを囲む）
準備 競馬レースのコースを大きく書いた紙と、はがきより少し大きめの厚紙をチーム数分。色マジックをチーム数分。ガムテープ、あるいは両面テープ
時間 20分～25分程度

すすめかた

①グループ対抗の競馬レースという形をとる。チーム内で相談して自分たちのグループの持ち馬の絵を厚紙に描き、みんなでその馬に名前をつけて厚紙に記入しておく。
②リーダーは、各チームの馬のカードを用意したコース上に、両面テープなどを使って貼り付ける。
③各チーム内ではそれぞれの馬に乗る順番、つまり騎手になる順番を決めておいてもらう。
④まず、2チームの間で騎手一番手の人同士がジャンケンをする。これが予選となり、勝った騎手は決勝戦に進出できる。（4チームの場合は2名が、6チームの場合は、A対B、C対D、E対Fで3名が進出。）
⑤決勝はリーダー側に進み出て、2名の場合はリーダーが加わり、3名の場合はそのままジャンケンをする。3名の中でジャンケンの一番勝ちが2歩、2番勝ちが1歩、コース上の馬のカードを進めることができる。3名の中で一番負けてしまうと1歩も進むことができない。（もちろん予選の段階で負けてしまうと進めない。）
⑥このように予選と決勝のジャンケンを繰り返し、一番先にゴールに達した馬が出たところでゲームは終了となる。2位以下の順位は終了時点でゴールに近い順番となる。

ポイント

◎予選を勝ち抜いて決勝に、という構図がこのゲームを盛り上げます。したがって4チームか6チームの対抗戦で、決勝は3名（4チームの場合はリーダーが加わって3名）という設定がベストです。

◎題材が競馬だけに、各チームが馬券を買うなどの演出はしやすいが、複雑にしすぎてゲームの流れを切らないように注意。

◎リーダーは、代表を出したチーム全員がジャンケンのかけ声をかけるよう促し、リードすることを忘れないこと。

ノート

単純に言い換えれば、双六とジャンケンの勝ち抜き戦を組み合わせたゲームです。したがって双六の部分にかなり凝った内容を盛り込みたい気持ちも理解できるのですが（例えばあるマスに入れば歌を歌わなくてはならないとか、腕立て伏せをするとか‥‥）、その多くはこのゲームで最も大切なスピード感を失わせ、盛り上げに水を差す結果となっているようです。盛り上げるつもりで企画したことがかえってマイナス要因となっているわけです。このゲームの生命線はテンポ。参加者がルールを理解したと判断したら、テンポを切らさないようなリードを心がけてください。したがって、コースの双六的要素はせいぜい3つ程度と考えるべきでしょう。

ベスト9

人数 1チーム5人から10人前後、4〜8チームくらいが望ましい
隊形 各チームが円形になって座る（またはテーブルなどを囲む）
準備 答えを記入する紙（大きさB3程度）とマジックをチーム数分。紙には縦横2本ずつの線を引き、全部で9つのマス目をつくる
時間 20分前後

すすめかた

①リーダーは「ＴＶアニメーション」「有名な民謡」「演歌歌手」「よく使われる野菜」など、ある程度範囲の限られたもののジャンルを問題として提示して、その中でもなるべく有名な名前を9つ選べたチームほど成績が良くなることを説明する。
②各チームは「有名な」「最もよく知られた」「他のチームも書いていそうな」という尺度で指定されたジャンルの中から9つの名前を話し合って選び、各マスの中に1つずつ記入する。
③リーダーはこの作業の制限時間が2〜3分で、他のチームの答え（記入内容）を見てはいけないことを伝える。
④書き終えたら、各チームから1つずつ選んだ名前を発表してもらう。チームは声を揃え、全体に聞こえるように発声する。他のチームは、発声された名前を聞き、自分のチームにもその名前が書いてあった場合は「バンザイ」をする。
⑤リーダーは答えごとに、発声したチームと「バンザイ」をしたチームを数え、得点を発表する。例えば1チームにつき1点の配点である場合、発声したチームを含め、「バンザイ」をしたチームが6チームであれば、6点という具合に採点する。ただし、1チームだけ、つまり発声したチームだけしかその答えを書いていない場合、その答えはマイナス2点となる。
⑥こうして各チームを巡回しながら発声させていき、すべての答

えが出尽くしたところで終了する。各チームの合計点数で順位を決定する。

ポイント

◎テーマ設定もこのゲームの楽しさを左右するポイント。たくさん答えのバリエーションが出すぎて「バンザイ」をする機会が少なければ盛り上がらないし、その逆なら対抗ゲームとしての面白みに欠ける。参加者の年齢層などを考え合わせながら興味の持てる題材を選びたい。

◎なぜベストテンではないのかというと、解答用紙を囲んだ場合の視認性によるものであり、チームの発声に続く「バンザイ」の反応がより速くなるという理由からなので、もちろんベストテンを選んでもゲーム本来の楽しさは変わらない。

◎答えをチームに発声させながら巡回していくわけだが、いかにチーム全員に発声させるよう促すかがポイント。

ノート

こういった答えを発表する形式のグループゲームでは、発表の方法について演出を工夫する必要があります。例えば解答をすべて集めて黒板に掲示し‥‥などというやり方では、グループが歓声をあげるチャンスをわざわざ少なくしてしまう可能性も出てきます。何点とれるのかのドキドキ感を演出することも大切な配慮であることをお忘れなく。

聖徳太子は私だ

人数 1グループ4〜10人程度で4〜6チーム前後
隊形 グループ単位で散在
準備 A3程度の紙とマジックなどの筆記具をチーム数分。テーマ、出題を書いたメモなど
時間 15分〜20分程度

すすめかた

①複数の代表者が、あらかじめ決められた物の名前を同時に発声し、グループはそれを聞きわけるゲーム。
②リーダーは、事前に出題のテーマを決めて（例えば果物の名前、有名人の名前、中華料理の名前など‥‥）、何を発声させるかをリストアップしておく。
③リーダーが、発声する人（代表者）をグループの中から１名程度選び、参加者に気づかれないよう、それぞれに違う名前を伝える。
④リーダーは代表者全員に合図を出し、これらの名前を同時に発声させる。
これを３回程度繰り返して聞かせ、各グループは代表者の前に集合し、それぞれがなんという名前を発声しているかメンバーが協力して聞き分け、答えを回答用紙に記入する。
⑤回答が出揃ったところで、代表者からそれぞれ自分の発声した名前を発表してもらう。各グループの採点をし、順位を決定する。

ポイント

◎代表者の声がそろえばそろうほど難易度は高くなる。可能なら代表者のみ、事前に発声のリハーサルができるようにしておくとよいだろう。

◎共通するテーマは○○と公表せずに、「しっかり聞いていただくと自然にテーマがわかってきますよ」というぐらいにとどめておいたほうが、テーマの推理という部分が加わるぶん楽しめる。
◎回答用紙に書かせなくてもゲームは成立するが、グループごとに順に答えを聞いていくという形式をとった場合、あとから発表するグループは前に言った他のグループの答えに同調して、自分たちの答えを変更してしまう可能性があるため、用紙に書く作業を加えて、答えの変更はできないというルールにしたほうがよい。

ノート

グループの聞く位置もクレームとして出やすいので、代表者を引き連れて、２～３か所で発声させることで、より公平性を強調しておくのも手です。

また、出題にも気を遣いたいところ。代表者の口のあけ方が実は重要なポイントなのです。したがって字数の短いものよりも字数の多い言葉が難易度は高くなり、同様に濁音の入った言葉、促音便（例「たっ」「かっ」など）を含む言葉は判定しにくいため難易度は上がります。それらをうまく組み合わせて出題するとよいでしょう。あわせて、テーマもいろいろ工夫の余地があります。

経験上、最初の出題のテーマは一般的な「果物」「野菜」「動物」などで小手調べ。２回目以降は難易度を上げて「日常にかわすあいさつ」「我が郷土の特産物」などのテーマも楽しいです。

ライブ!! まちがい探し

人数 1グループ5～10人程度で4～6チーム前後
隊形 グループ単位で散在
準備 A3程度の紙とマジックなどの筆記具をチーム数分。
テーマ、出題を書いたメモなど
時間 20分前後

複数の代表者（モデル）を選出し、いったん退席してもらい、各自1か所ずつ、外見上のある部分を変更してもらう。これをグループで協力して当てるグループ対抗ゲーム。

すすめかた

①「モデル」になってもらう人をできれば男女が混在するように4～6名決定し、全員の前で紹介する。
②「これからこのモデルに別室に移ってもらい、各自必ず1か所ずつ、明らかに違う部分をつくってくるので、それが何かを当ててもらいます」というふうに伝える。グループは協力して1分間くらい変身前のモデルを観察する。
③モデルはいったん別室に移り、リーダーの指示により各自1か所ずつ、参加者の見える範囲で「間違い」を作る（例えば、服のボタンをはずす、靴紐の結びを変える、靴下を裏返しに履く、など）。リーダーの「さあ、モデルさんの再入場です」の合図で、再び全員の前に登場する。
④各チームは誰のどこが違うかを見極め、回答用紙に○○さんの××と記入する（観察の時間は2分ぐらいが適当）。最後にモデル本人から正解を発表してもらい、正解の多いチームから順位が決定する。

ポイント

◎ヘアースタイルやモデルのポーズを観察の対象に含めてしまう

と正解が不正確になることが多いため、事前にヘアースタイルとポーズは関係ないことと、現在見えている部分から出題することを周知したほうがよい。

◎モデルには名札をつけてもらうと回答がしやすくなる。また幕などが準備できる会場であれば、より効果的な演出ができるだろう。

◎その場で各モデルに１か所の間違い部分を決定するのは時間がかかることが多い。そのことでプログラムを間延びさせることもあるので、事前にモデルを決定できる状況なら、打ち合わせをしておくと、参加者を待たせることなく進められるだろう。

ノート

講習会のスタッフやパーティーのお世話役など、なかなか脚光をあびることのない人たちにスポットを当てるのに便利なゲームです。主催側と参加者を結ぶ接点としての位置付けをすると効果的でしょう。

また､これらのクイズ形式のゲーム全般にいえることですが、全チームが正解でも､全チームが不正解でも興味は半減します。サービス的な問題、難易度の高い問題（例えば時計の針を進めておく、名札の文字に線を１か所加えて違う字にしておく、顔にマジックでホクロを加える、など)、またその中間の難易度などをバランスよく組み合わせることも大切な演出であることを忘れないでください。

百科事典

人数 5名以上10名くらいまでの小グループ。4組～8組程度
隊形 小グループで円陣をつくって散在
準備 新聞紙大くらいの紙とマジックをグループ数分
時間 20分～25分

すすめかた

①各グループに紙とマジックをわたし、右ページ参考図のような表を書き、リーダーの発表した項目と頭文字を書き込む。
②リーダーの合図でグループのみんなで相談しながら、項目ごとに指定された頭文字で始まる名前を1マスにひとつずつ書き入れていく。
（例‥‥「な」で始まる都市は「名古屋市」、「な」で始まる植物の名前は「ななかまど」など）
③条件的には他のグループが書きそうもないような名前を書き込めば、得点がもらえることを知らせ、一定時間内にグループに書き入れさせる。
④全グループが書き終えたところで、かわるがわるグループから1つずつ声をそろえて発表してもらう。
⑤そのグループだけにしか書いていない名前なら○となり、得点となる。しかし、他のグループと同じものが書いてあった場合は、そのグループを含めて、同じ答えを書いたグループはすべて×となり得点はない。
⑥こうして順次大声で発表していき、最終的に○の数を集計して得点の高いチームの勝ちとなる。

ポイント

◎答えの発表時に、○だったら「バンザイ！」、同じ名前が他のグループにも書いてあったら「オーノー」などと、グループで

反応するように決めておくと、全体のムードづくりに効果がある。

◎こじつけの答えが出てくる可能性がある。例えば「な」のつく衣類の場合に「ナイロンの靴下」という答えの時、どうするかを事前に決めてルール化しておかないと、混乱することがあるので注意すること。

（参考図）

	な	か	ま
日本の都市（町村を除く）			
植物			
衣服			

ノート

答えが他のチームとバッティングしてしまい、ああ残念という部分がこのゲームの醍醐味ともいえます。したがって、リーダーの指定する頭文字や項目は、難易度を含めて慎重に選ぶべきでしょう。

例えばこの図の場合、頭文字では「か」の部分がやさしく、「な」がやや難しく、「ま」が難しいという設定になっています。同様に「日本の都市」「植物」は比較的やさしく、「衣類」は難しいという設定です。このようなバランスを考えていないと、あまり面白くなかったという結果になってしまうので要注意です。

また、リーダーがあまり聞いたことがないような答えが出てくる可能性があります。そんな時は、全体の中で知っている人がいたらＯＫとしたり、事前に「博士」役を決めておき、博士の判断にまかせても良いでしょう。

筆者の場合は「日本の都市」の場合は「ポスタルガイド」（郵便番号簿）の索引部分を、「植物」の場合は「植物図鑑」の索引部分を準備して対応しています。

ズバリ買いましょう

人数 5名以上10名くらいまでの小グループで8組くらいまで
隊形 小グループで円陣をつくって散在
準備 価格を書き入れる紙を問題数×グループ数分
時間 20分～30分

すすめかた

①リーダーは、あらかじめ参加者の中から3名程度協力者を募り、協力者の持ち物について出品を了承してくれるものについて、その購入時の価格、どこで買ったかなどについてインタビューしておく。
②リーダーは、グループの対抗戦であることを伝え、協力者に順次登場してもらい、クイズとなる商品（事前に決定したもの）を全員の前で紹介する。
③グループは相談して、予測した価格を紙に書いて一斉に発表する。正解の価格は協力者本人から発表してもらう。最も近い価格のグループから高い得点が得られる。
④同様に3問程度繰り返す。最後に予測した3点の金額を合計し、実際の合計金額に近いチームにも得点を与える。以上すべてを合計して順位を決める。

ポイント

◎参加者の年齢層などを考え、興味を持つもの、価格のわかりやすいもの、その逆にわかりにくいものなどを事前にリサーチしてのぞむことをすすめる。
◎もちろん、グループの発表した価格がズバリ正解だった時の得点なども周知しておくこと。
◎かなり時間を要するゲームでもあるので、問題数は3問、多くても4問程度におさえたほうが集団を飽きさせることなく展開できる。

ノート

各グループから、1問ずつ協力者に質問が許されるという形にすると、新たにグループと協力者のやりとりの中で、楽しいコミュニケーションが生まれる可能性があります。また、質問することで、グループが提示する価格にあまり開きが生まれずに接戦になる傾向が強くなるのでおすすめです。

リサーチする時間がなければ、雑誌やポスターなどに掲載されている商品を切り抜いて、クイズとして出題してもゲームの形式上は何の問題もありません。しかし、参加者の中でコミュニケーションがより多く発生することや興味性を考えると、協力者からじかに出題してもらうほうがよりリアルで話題性が高く、アイスブレーキングの素材として活用できるでしょう。

熊が出た！

人数 1チーム12名～18名くらいで2チームから6チームくらい
隊形 リーダーを前にして縦に一列に整列する
準備 特になし
時間 15分～20分

すすめかた

①リーダーが熊の役になって「ガォー」とほえたらスタート。各チームの先頭の人は、振り返って2番目の人に「熊が出た！」と大声で伝える。2番目の人は先頭の人に「エーッ！」と大声で聞き返す。

②もう一度先頭の人は、「熊が出た！」と伝える。2番目の人は熊が出たことを理解し、3番目の人に「熊が出た！」と伝える。同様に3番目の人は2番目の人に「エーッ！」と聞き返す。さらに2番目の人も「エーッ！」と先頭の人に伝える。

③つまり、「熊が出た！」と1度目に聞いた時には「エーッ！」と聞き返し、2度目以降を聞いた時は自分の後ろの人にすべて「熊が出た！」と伝える。もちろん先頭の人は「エーッ！」が返ってくるたびに「熊が出た！」を繰り返すことになる。

④「エーッ！」の声は必ず先頭まで戻す。こうして最後尾の人が2度目の「熊が出た！」を聞いたら、「大変だ！死んだふりをしろ！」と言って、チーム全員が死んだふりをする。どのチームがこの動作を早くできるかを競う。

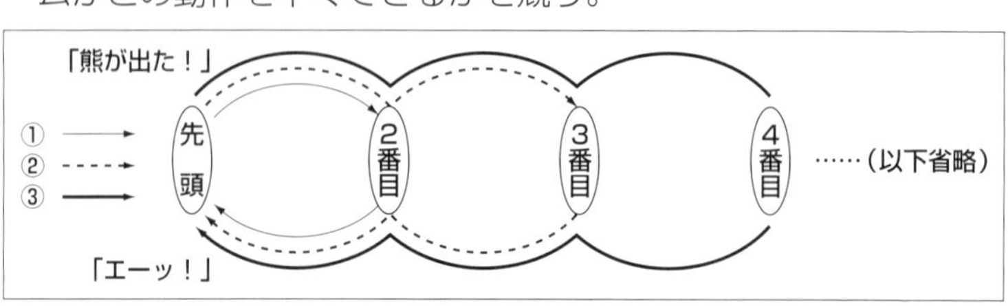

ポイント

◎説明の手順をリーダー自身がきちんと整理しておかないと、このゲームのルールを徹底させることは難しい。視覚的な要素を計算したうえで、説明を加えていく配慮が必要である。

◎チームの中で２人（先頭と最後尾）だけ役割が違うことになるので、先頭に副隊長、最後尾が隊長、あとは隊員という役割分担を決めてから説明すると多少わかりやすくなる。

ノート

　このゲームを上手に集団に伝えられるかどうかで、その人の指導力的なものがわかってしまうといわれるゲームです。また、多くのグループゲームの中でも、これほど一体感を味わうことのできるゲームはないといえるほど秀逸なゲームでもあります。それだけにぜひレパートリーに加えておきたいところです。

　このゲームの最大の見せ場は、「エーッ！」の断続的ではない連鎖的な返し方にあると言っても過言ではないでしょう。ちなみに筆者は、本番の前に最後尾から先頭へ一呼吸で返す練習を各チームに練習させたうえでのぞみます。チーム全員で協力して一呼吸で返そうと懸命になるところに、緊張感とチームの一体感が生まれやすいからです。

すきやき・ジャンケン

人数 1グループ5〜10名くらいで4組〜10組くらい
隊形 グループは円座して散在
準備 すきやきの材料カード、5種類（牛肉・ネギ・白滝・焼き豆腐・たまごなど）を計80枚程度を袋などに入れておく
時間 20分〜25分前後

すすめかた

①各グループは家族という設定にしてすすめる。ゲームをスタートする前に、祖父母・父母・兄弟・犬のポチ・猫のタマなどと、グループの人数に合わせた配役を決めておく。
②リーダーは「各家族のお父さんと私（リーダー）とでジャンケンしましょう」と言い、各家族の父役の人全員と一斉にジャンケンをする。リーダーに勝った父は、あらかじめ用意した袋の中のカードを１枚だけ引くことができる。ジャンケンは１度だけで、負けた場合とあいこの場合はカードを引くことができない。
③以下、家族のメンバーが、リーダーと順次ジャンケンをしていき、勝った人のみカードを引いていく。こうして早く、すきやきの材料をすべてそろえたチームの勝ちとなる。
④ジャンケンに勝ってカードをたくさん入手しても、５種類の材料すべてがそろわないと「アガリ」とはならない。

ポイント

◎材料の種類は、牛肉・ネギ・白滝・焼き豆腐・たまごなど、５種類くらいがよい。また、その数の比率は牛肉が１に対してネギが２、あとの３種類は1.5くらいが適切である。
◎このゲームは、基本的にどこかの家族が「アガリ」となった時点で終了となる。複数の家族が同時に「アガリ」となった場合や、２位以下の順位を決める場合には、事前にそれぞれの材料

カードに得点をつけておいて、点数を集計して決定するなどの対処がよいだろう。

◎ジャンケンをするときは家族の円陣の真中に立ち、手を上にあげさせたうえで（家族全員が見える状態の中で）行なうとより効果的（応援の拍手などが多くなりやすい）といえる。

ノート

筆者が昭和57年に高齢者教室を担当していたときに創作したゲームです。「家族ジャンケン」というゲームを下敷きにしたものです。「家族ジャンケン」は、基本的にジャンケンの勝ち負けのみでしたが、そこにクジ引きの要素を加味して考案したものです。このカードは、既製品として日本レクリエーション協会で市販されていますが、商品化後、すでに3,000セット以上売れていることを考えると、ずいぶんレク界に認知されたものだと感慨深いものがあります。

このゲームで最も大切な点は「家族の役割分担」と、P13でもふれている「同時呼吸」によるジャンケンの展開です。グループが家族である意識づけをしっかりすることと、「ジャンケンのかけ声は家族全員でかけてあげましょう」と促し、ジャンケンの一体感を演出することだと断言しておきましょう。

私は彫刻家

人数 1組7人から12人。2組から6組くらいまで
隊形 リーダーを前に縦1列に並ぶ
準備 画用紙（B5～B4程度）をグループ数分
時間 15分前後

すすめかた

①縦の列を１グループとして、グループ対抗の形式で行なう。先頭の人に紙を渡し、リーダーはテーマを参加者全員に伝える。例えば「ゾウ」など、そのシルエットが想像しやすいものがよい。
②先頭の人は、そのテーマの形を紙から手で切り始める。ただし、ひとりに与えられる時間は10～15秒くらいで、後ろの人に引き継いでいく。もちろんリーダーは、制限時間ごとに合図を出してリレーさせる。
③引き継がれた人は、前の人がどういうつもりでここまで切り抜いたのかを考えながら、その続きを切り抜いていく。
④こうして一番後ろの人が切り抜き終わったら終了。黒板に貼るなど、参加者が見やすい工夫をして作品を発表し、一番できばえの良い作品をつくったチームの優勝となる。

ポイント

◎作品を比較することになるので、各チームにバラバラなテーマを与えるよりも、全チーム同じテーマにしたほうが審査しやすい。
◎あらかじめ審査員を決めておき、優秀作品を決めてもらうのも一手だが、「自分のグループの作品以外で、一番良いと思うものに対して拍手しましょう」などと、みんなの拍手で決定するほうが、公平で明るい雰囲気をつくりだすことができるだろう。

◎先頭の人が解答者となり、先頭以外の人はすべてテーマを知っているという状況で、できあがった作品がズバリ何であるかを当ててもらうという展開も楽しい。

ノート

ひとつの作品に対して、グループの全員が何らかの形で関わっているため、できあがった作品にはかなりの興味を示します。それだけに、必ず反応と歓声が起こり、グループ意識をつくるという意味では便利なゲームといえるでしょう。

ここでのポイントは、できあがった作品に対してどういう評価をしていくかでしょう。「○○というよりも××に近いですね」「この部分のできばえが芸術的です」といった機転のきいたリーダーのコメントも大切です。

協力漢字づくり

人数 1グループ4人から8人。何グループでも
隊形 グループごとに円陣をつくり散在
準備 画用紙（A3程度）をグループ数分
時間 20〜25分前後

「口」という漢字に2画を加えてできる漢字を、グループで協力して探し出すゲーム。

すすめかた

①リーダーは「口」という漢字を参加者に見せ、「この口を大きく使ってもよいし、小さく使ってもよい、横に長くしても、縦に長くして使ってもよいから、この口に2画を加えてできる漢字を、できるだけたくさん見つけてください」と伝える。
②例えば、「国」「品」「中」などの例を出し、「これらの漢字の場合は2画ではありませんが、みんなで協力して探してください」などと伝える。
③リーダーの合図で一斉にスタート。5分くらいで終了して、正解を発表していく。
④正解はあらかじめスケッチブックなどに書いておき、簡単に発想できそうなものからひとつずつ発表するとよいだろう。一番多く書くことのできたチームの勝ちとなる。

《正解》
田・白・由・甲・古・右・石・目・申・旧・旦・四・只・占
兄・叶・加・囚・可・史・句・号・台・召・司・叩・叱
以上27文字を正解とする。

ポイント

◎正解は「一般的に使われている漢字」という表現を用いるとよい。ときおり、現在あまり使われていない漢字を持ち出す人も

いるが、これは参考までにという扱いにしておこう。

◎例えば「戸」のような漢字は、「口」という字をもとにしていないので正解にはならない。

◎発表時に正解したチームは「バンザイ」の声をあげるよう展開するとよい。

ノート

3人寄れば…を地でいくようなゲームです。自分で気が付かなかった漢字を、グループの中のいろいろな人が見つけ出したり、反対に自分が見つけたりして、たくさんの小さなヒーローをつくっていく、といった要素があるため、グループの協調を育てる素材として面白いゲームだと思います。

また、正解の中でも発想しにくいものをあらかじめいくつか決めておき、それらが書いてあると2倍の得点がもらえるといったような要素を加えても楽しい展開ができるはずです。

アウトセーフ

人数 1グループ4人から10人前後。何グループでも
隊形 グループごとに円陣をつくり散在
準備 特になし（黒板に得点表など）
時間 20分前後

すすめかた

①リーダーは、右ページに示した問題例にあるような断定的ないい方をして、参加者にクイズ問題を出題する。
②各グループは、出された問題に対してみんなで相談して、○か×かのどちらか一方に決定する。相談の時間は20〜30秒ぐらいが適当。どちらかに決定したチームには拍手をしてもらい、相談終了の確認をする。
③リーダーが「さあ、どうぞ！」といった瞬間、各グループは全員が一斉に、○なら「セーフ」（両手を広げる）、×なら「アウト」（右手を上げる）のように、動作と声で野球の審判のような動作をする。
④グループ全員の動作がそろっているかどうかを確認したうえで、リーダーは正解を発表する。もちろん、全員の動作がそろっていないグループはアウトとなる。
⑤以上を何問か繰り返し、累計で得点の高いグループから順位が決まる。

ポイント

◎全グループが相談終了まで待つと、このゲームが間延びした感じになる。グループを座らせて相談させ、終了したら全員で起立するようにすると、他のグループも決定を急ぐようになるので、ゲームのテンポをキープしやすい。

《問題例》

a，一円玉の裏には木が描かれているが、この木に葉っぱは８枚ついている‥‥○

b，漢字の「凹」と「凸」は同じ５画である‥‥○

c，テレフォンカードとオレンジカードは同じ大きさである‥‥×

d，オリンピックの五輪のマーク、真中うえにある輪の色は黒である‥‥○

e，鎌倉の大仏があげている手は右手である‥‥×（手は上げていない）

f，私（リーダー）の血液型は◎型である‥‥○か×

g，現在この室内にいる女性はすべて美人である‥‥○

ノート

このゲームを参加者に楽しんでもらうためには、クイズの選び方が大切と言えるでしょう。出題した結果、全チームが「セーフ」だったなどと偏ってしまうと、盛り上がらないことは確実です。○と×が適度に分かれるような問題選びを心がけましょう。

専門的な知識を必要とするものよりも、誰もが一度は見たことがあるものから出題したり、f のような個人的な問題や、g のようなユーモアをきかせた出題は、より多くのコミュニケーションをグループの中でつくってくれます。

仲良し夫婦のお買い物

人数 1グループ6人から12人前後。何グループでも
隊形 グループごとに円陣をつくり散在
準備 黒板に各グループの記入欄をつくっておく
時間 20分前後

すすめかた

①リーダーは、事前に買い物に行くお店を決めておく。例えば、「くだもの屋」「パン屋」「電気屋」など。
②グループの中から、代表となる2人を「仲良し夫婦」として決めてもらい、各チームの夫婦は参加者の前に立つ。
③残りの参加者は、“「仲良し夫婦」の子どもたち”という設定ですすめる。子どもたちには、例えば「くだもの屋」で売っているものの中で、最も欲しいものをそれぞれがひとつだけ決めてもらう。
④リーダーの合図で子どもたちは、欲しいものを一斉に（同時に）発声する。以上を3回ほど繰り返す。
⑤夫婦は子どもたちの声を聞いて、なるべくたくさんの子どもが欲しがっているものを相談して3つに絞り込み、結果を板書する。
⑥答えが出揃ったところで、リーダーは夫婦の答えを子どもたちに挙手してもらいながら、ひとり1ポイントとして数え、集計する。以下、夫婦を交代して続け、集計して最も得点の高いチームの勝ちとなる。

ポイント

◎「最も買い物上手で、たくさんの子どもたちを喜ばしてくれるご夫婦は…」などと動機づけるとイメージが浮かびやすい。
◎夫婦が黒板に答えを書くのに、待ち時間が生じないような配慮をしておく必要がある。

ノート

店の種類によっては、子どもたちの欲しいものがかなりばらつく可能性があります。それが予想される場合は、ある程度リーダー側で８種前後に絞り込んでおき、それを提示したうえで、子どもたちに決めてもらうという方法（あるいは、直接子どもたちの声を拾って、８種前後にする方法）もあります。こうすると、結果的に接戦を演出しやすくなりますし、買い物をするお店の種類（例えば、ペットショップ、おもちゃ屋、ファミリーレストランなど）も増えて、バリエーションが豊かになるでしょう。

背中でコピー

人数 1グループ6人から12人。4組～8組くらい
隊形 リーダーを前にしてグループが縦列に並ぶ
準備 マジックと紙をグループ数分
時間 20分前後

前にいる人の背中に指で絵を描いてリレーし、その正確さを競うゲーム。

すすめかた

①各グループは、人数をそろえて縦列に並び、対抗戦の形式となる。リーダーは、一番後ろの人だけを呼んで、誰もが簡単にイメージできるテーマ（例えば「ミカン」「ニンジン」「乗用車」など）を言葉で伝える。先頭の人には紙とマジックを渡しておく。
②リーダーの合図で、最後尾の人は、前にいる人の背中に指でテーマとなる絵を描く。ただし、ひとりにつき2回までしか描くことができない。
③伝わったら、さらに前の人の背中に描いていき、これを先頭までリレーしていく。先頭まで伝わったら、先頭の人は伝わった絵を紙に再現する。
④こうして、先頭の人が絵を描き終えたら終了。各グループの絵を比較して、最もテーマに近いイメージの絵になっているグループの勝ちとなる。

ポイント

◎どうしても列によって速い遅いの落差が出てくる。途中経過などを参加者に伝えながら、「○○チーム少しペースをあげてください」などとコメントするとよい。
◎伝わった絵は、各グループの先頭の人に、一斉に紙を掲げてもらうようにすると歓声がひときわ大きい。

ノート

筆者が昭和60年ごろに「バスの中のゲーム」として発表したものですが、それ以前にこうした発想はあったのかもしれません。参加者全員でつくる一体感という点では他のゲームに一歩譲りますが、集団の中での個々のコミュニケーションは促進されるゲームです。ただ、ゲームが進行している最中、実際にかかわっている人間は、グループの中の２人（背中に絵を描く人と描かれる人）だけということになるので、筆者は絵を描いている人が後ろから数えて３人目を過ぎたら、テーマの２問目を最後尾の人に伝え、同様にすすめていく方法をとっています。こうすると一時的ではありますが、グループの中の多くの人が一斉に楽しんでいる状況が生まれるからです。こうしてみると、列を使ってリレー形式をとるゲームは世の中にたくさんありますが、なるべくたくさんの人を動かしながら…という発想をすると、より楽しくなるゲームもあるのかもしれません。

都道府県ビンゴ

人数 1グループ4〜10人。何グループでも
隊形 グループで円陣をつくり、リーダーを中心に散在
準備 A3程度の紙とマジックをグループ数分
時間 20〜25分

すすめかた

①各グループは、渡された紙に縦横5マス、合計25マスになるように線を引いて準備をする。
②リーダーの合図で各グループは全員で相談しながら、全都道府県名の中から25個を選んで、全部のマスを埋めるように書き込む。ただし、同じ都道府県名は2度使ってはいけない。
③各グループが書き終わったところで、リーダーは事前に用意した順番どうりに都道府県名を発表していく。
④グループは、リーダーが発表した都道府県名が、自分たちが書いたものの中にあれば○をつける。
⑤○がタテ・ヨコ・斜めのうちいずれでもよいから、早く五マス並んだチームの勝ちとなる。

ポイント

◎「○がついたチームはバンザイをしてください」などと指示したり、4つの○が並んで、あとひとつでアガリとなるチームは「リーチ」、アガリの時は「ビンゴ！ビンゴ！」と叫ぶなどの演出をするとよい。
◎最下位が決定するまで続けると、チーム数によっては相当時間がかかることが予想される。せいぜい準優勝くらいまでにして、あとは○の数で順位決定するほうがよいだろう。

ノート

誰もがイメージをつくりやすいビンゴのグループ版です。したがって、テーマは都道府県にこだわらなくてもできますが、要するに確率の問題で、あまりにも選択肢が多いビンゴだと結果的に盛り上がりに欠けてしまいます。25個選ぶわけですから、選択肢がその2倍からせいぜい3倍ぐらいまでのテーマにしないと全体の盛り上がりが期待できなくなります。したがって興味本位だけでなく、選択肢とマスの数を考え合わせて選びましょう。

また、このゲームは事前に準備した都道府県名を淡々と発表しても、集団の反応が高まりません。例えば、各地の名産であるとか観光地、名所などを言いながらとか、○○地方など、ある程度の範囲を示し、グループに絞り込みをさせてから発表するように展開すると、グループに「おっ、この県かな」などの注目度と期待感を持たせることができるでしょう。この期待感が、○がついた時のプラスαの歓声となってくるのです。

ヒューマン・サッカー

人数 1グループ10人から20人。全体で偶数グループ
隊形 グループで下図のような隊形をつくる
準備 ハチマキあるいは紙テープのレイを1グループにつき10〜20本
時間 15〜20分程度

すすめかた

①10人以上を1グループとして偶数グループに分かれ、対戦グループを決める。代表はジャンケンをし、先攻と後攻を決定する。先攻は攻撃側、後攻は守備側となり、図のように両グループが向かい合った隊形をつくる。

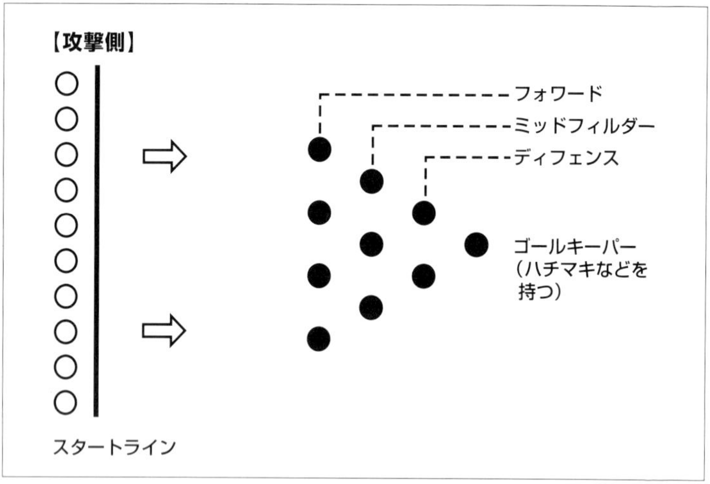

②守備側のグループは、最前列から「フォワード」「ミッドフィルダー」「ディフェンス」「ゴールキーパー」の役割となり、グループの人数に合わせて「フォワード」が最も人数が多く、順に人数を少なく配置する（例えば10人のグループなら4，3，2，1という配列にする）。

③攻撃側は一斉にスタートし、第1関門の「フォワード」とジャンケンをする。ジャンケンに勝つと2列目にすすみ、第2関門の「ミッドフィルダー」とジャンケンできる。勝てば第3関門‥‥というふうに進んでいき、「ゴールキーパー」に勝ってはじめてグループの得点となる。この時、得点の印としてゴールキーパーの持っているハチマキを1本もらう。

④ジャンケンに4回連続して勝たなければ得点にならないことになる。またジャンケンに負けた場合には、どの関門で負けてもスタートラインまで戻って、「フォワード」からジャンケンをしなくてはならない。

⑤こうして対戦時間の2分間に、相手グループのゴールキーパーから何ポイントとれたかを競う。終了後、攻守を交代して同様に2分間実施し、取ったハチマキの数で勝敗を決定する。

ポイント

◎1度ハチマキを取った人でも、2分間の制限時間内であれば何回でもチャレンジできることを忘れずに伝えること。

◎かなり運動量の多いゲームである。スタートラインから「ゴールキーパー」までの距離は、対象に合わせて設定することが望ましい。

◎隊形をしっかりつくってから説明しないと、参加者はイメージをつくりにくい。隊形をつくった上での実践的な説明手順が大切。

ノート

本書に紹介したゲームの中では最も運動量が多く、まるで運動会の競技的な色彩を合わせ持つゲームで、グループが一致団結していく実感が持てる素材です。したがって演出も、より運動会的な部分を生かし、2分間の対戦時間に運動会でよく使われるようなテンポの速いＢＧＭを流すなどの工夫も効果的といえます。また、対戦中その途中経過を実況放送調にして参加者に伝えるといった演出も効果があるでしょう。

王冠とり

人数 グループ5人以上10人ぐらいまで、4グループくらい
隊形 グループごとに円陣をつくって散在
準備 色違いの紙テープをグループ数分
時間 20分前後

すすめかた

①ジャンケンの勝ち抜き戦により、自分のグループの王様（女王様）を守っていくグループ対抗型ゲーム。
②グループ全員が、リーダーから渡された紙テープでハチマキをする。また、グループで相談して、1名の王様（女王様）を決め、残った紙テープで王様らしい飾り付けをする。
③王様以外は王様を守る兵隊の役割となる。グループ内では兵隊の出場順（ジャンケンの順番）を決めておく。ただし、各グループの王様は一番最後に登場する。
④各グループの最初に出場する兵隊は集合し、まず全員でジャンケンして、右ページのように位置を決めてからスタートする。図のように必ずⒸとⒹの間で1対1のジャンケンを行ない、勝ったら相手グループのハチマキをもらい（戦利品）、勝ち残りで次のグループの人（Ⓑ）とジャンケンできる。負けたグループは、グループ内からハチマキをした新しい兵隊を送り出し、一番後ろ（図の場合、Ⓐの人の後ろ）に並ぶ。したがって、勝ち続ければ兵隊を補充する必要はなく、王様を守ることができるということになる。
⑤以下、同様に繰り返していき、最後まで王様を残したチームの勝ちとなる。

ポイント

◎同時発声の効果が高いゲーム。リーダーの「セーノ」の声でグループ全員が「ジャンケン」の声をあげるよう誘導すると全体が一体化してくる。

◎ジャンケンに勝った兵隊は、自分のグループに勝ったことをアピールし、グループはそれに応えるように促すのも効果がある。

◎参加人数が多い場合は、兵隊を各グループ何名というふうに決め、あとは応援団として展開していく方法をとらないと、間のびした感じになるので注意。

（参考図）

最初に全員でジャンケンをして、一番勝った人Ⓐから負けた人Ⓓまで並ぶ。

Ⓐ—　Ⓑ—　Ⓒ—　—Ⓓ

このあいだでジャンケンを行なう。
負けたグループは、Ⓐのうしろに
１人補充していく。

ノート

最初に各グループから一番目の兵隊が出てきて全員でジャンケンし、位置決めをするのだが、なぜこの方法をとるのか、なぜ一番勝ったグループの兵隊が一番後ろになるのかを説明していないリーダーが多いようです。基本的に遊びの中であっても、王国と王国との戦いをイメージしているので、そこはきちんと説明すべきでしょう（一番後ろの兵隊、ジャンケンに１回勝っただけで他の３人に勝ったことになるわけです）。

また、このゲームでは紙テープのハチマキが重要な役割を演じます。自分のグループにあと何人兵隊が残っているかが一目でわかるし、勝つと戦利品として相手からもらえるので貢献度もわかります。ぜひ色の違うテープを準備して臨んでください。

縄なし縄とび

人数 1グループ12名前後で2グループ以上、4グループまで
隊形 リーダーを前にグループごとに扇型など
準備 ホイッスルなど
時間 10〜15分程度

縄があることを想定し、正確なタイミングで何人まで跳べるかを競うグループ対抗型のゲーム。縄を使わずに動作だけで行なう縄とび。

すすめかた

①グループのうち2名は縄の回し手となり、それ以外のメンバーは跳び手となる。リーダーは審判役となり、回し手の後ろで、跳び手のジャンプがよく見えるところに位置する。審判役は可能なら2名いるとよい。
②回し手が縄を回し始めたら、メンバーは、縄が1回まわるごとに1人ずつ縄の中に入って跳ぶ。
③ジャンプのタイミングがずれたり、審判役が縄がひっかかったと判断したらホイッスルを吹く。吹かれたらアウトとなり、最初からやり直す。
④こうしてアウトとなるまでに、何人が跳べたかで記録を競う。全員が跳べた場合は、その後、何回跳べたかが記録となる。実施時間2分以内なら何度でもチャレンジしてよい。

ポイント

◎ジャンプが含まれるゲームなので、必ずアキレス腱を伸ばす準備運動をすること。また、記録会を始める前に、各グループで数分ほど練習させるとグループは目標に向けてまとまってくる。
◎審判役は少し低い体勢で、回し手の後方から見るようにすると判定しやすくなるだろう。判断に迷う場合も出てくるので、審

判役は２名にし、どちらかにホイッスルを吹かれたらアウトとしたほうがよい。

ノート

「見えないものをみんなの力で見えるようにしてしまいましょう」などと動機づけ、グループ内の協調を促すことが大切です。このゲームは、グループ意識を一層高めたいという時に効果のあるゲームです。グループは具体的な目標に向かって努力するはず。特に練習時間をとると、その間にグループ内ではさまざまなコミュニケーションが発生します。「跳び手はみんなで声を出して跳ぼう」とか「回し手は縄が接地した時に『ピシッ！』という音を発声しよう」などの具体的なアイデアが出てきたら、それに対して誉めてあげることもグループ意識を高めることに役立ちますし、他のグループへの刺激にもなります。

ワード・ポーカー

人数 1グループ5人以上で2グループ以上、4グループ程度まで
隊形 グループごとに円陣をつくって散在
準備 テーマを書いたカードをグループ数×2枚（全員が読めるくらいの大きさがよい）
時間 15〜20分程度

参加者5人が出題されたテーマについて、連想する言葉を一斉に発声し、なるべく同じ言葉になったグループが、高得点となるゲーム。

すすめかた

①リーダーはあらかじめ、同じ答えになりそうでならない「お題」を、参加者全員が見えるくらいの大きさのカードに書いて用意しておく。例えば「○○電話」「○○雲」とか「サラダの主役といえば？」「クリスマスソングといえば？」など。
②グループから代表5人に前に出てもらい、準備したカードの中から一枚を選択してもらう。このカードを最初に参加者に見せ、△△チームはこんなお題を引き当てましたと伝える。
③リーダーは代表5名にカードを見せたら、即座に5秒間のカウントダウンを参加者と一緒にコールする（5，4，3，…）。ゼロとなったらすぐに代表に「セーノ」と声をかける。
④代表者の5人は、カウントダウンの間になるべくみんなと同じになるような言葉を考え、リーダーの「セーノ」のあとに一斉に発声する。もちろんカウントダウンの最中に打ち合わせをしてはいけない。
⑤リーダーは発声のあと、ひとりずつ発声した言葉を聞き、次のように採点する。

「ツーペア」の場合

全員バラバラ	−10
ワンペア（２人が同じ答え）	0
ツーペア（２人が同じ答え×２組）	＋ 5
スリーカード（３人が同じ答え）	＋10
フルハウス（スリーカードとワンペアが一緒になったもの）	＋15
フォーカード（４人が同じ答え）	＋20
ファイブカード（全員が同じ答え）	＋30

ポイント

◎ついたてのような物が４つ準備できるなら、カウントダウンを10秒ぐらいに設定し、紙に書かせて発表させるという展開でもよい。

◎カードの選択は、同じグループの出場していない人に頼むとよいだろう。

ノート

考える時間が５秒しかないことから、珍答、迷答が出てきて、それを見ているだけでも楽しいゲームなのですが、各グループ２回はチャレンジさせてあげたいところです。したがって、グループの人数としては10人程度、グループ数としては４グループまでがいいところです。それ以上になると待ち時間のほうが長く、間延びする感じになるので気をつけましょう。

ハミング曲名クイズ

人数 1グループ6人以上。2グループ以上、4グループまで
隊形 リーダーを前にグループごとに扇型など
準備 クイズとなる曲名を羅列した紙をグループ数分、マイク
時間 10〜15分程度

代表者のハミングを聞いて、同じグループの人がその曲のタイトルを当てるゲーム。

すすめかた

①各グループから代表者を２人選んでもらい、グループの専属歌手となる。リーダーはあらかじめ、誰でも知っていそうな有名な曲を１グループあたり20曲ほどをグループ数分選んでおき、カード１枚につき20曲の曲名だけを書いておく。
②代表者はこのカードを抽選で選び、ジャンケンで順番を決定する。
③代表者はこのカードを参加者に見せないようにし、２人で交互に、どの曲からでもよいからマイクを使ってハミングをし始める（自分の得意な曲からでよい。ただし、歌詞を歌うのは反則）。
④残るグループ員全員が解答者なので、誰かがわかった時点で曲名を答える。答えが正解ならハミングした人が「ピンポーン！」と言って、もうひとりの代表にバトンタッチし、これを繰り返していく。
⑤以上を１グループにつき２分の制限時間で行ない、リーダーは当たった曲の数をひかえておき、正解の多いグループから順位を決定する。

ポイント

◎時に「アー」「ラララ」などの音を使う人が出てくる可能性があるが、これは「ハミング」にはならないので「口を閉じて」

ということを事前に伝えておくほうがよい。また、歌にともなうジェスチャーも大きなヒントとなるので、ジェスチャーをしていいのかいけないのかをはっきりさせておいたほうが、スムーズに展開できる。

◎リーダーは曲名リストのコピーを持っていると集計がしやすい。

◎代表の２人による打ち合わせの時間を少々とるとよい。

ノート

代表があせってハミングする様子を見るだけでも、十分愉快なゲームです。おそらく、２分間で８～13曲くらいの正解数で勝負が決まるはずです。したがって、リーダーの曲の選び方も重要なポイントとなります。２～３曲はやや難しい曲があっても、大半はみんなが知っていることを前提とした曲選びが必要です。参加者の年代層などを考えて、慎重に選びましょう。童謡やテレビ番組の主題歌などが活躍するかもしれません。

また、代表を２名にしているのは、ひとりだとその人の力量ですべてが決まってしまうことがあるからです。能力が少しでも平均化し、接戦になったほうが楽しさも増します。

〈レクリエーションガイドブック29〉

楽しいアイスブレーキングゲーム集

～より円滑なコミュニケーションを生むための素材と手法～

定価945円(本体900円＋税5%)

2002年10月 1日　初版発行
2005年12月20日　第５刷

[発行所]
財団法人**日本レクリエーション協会**
〒101-0061 東京都千代田区三崎町2-20-7
水道橋西口会館６F
TEL03-3265-1241

[筆者]
三浦一朗　㈶日本レクリエーション協会

[編集スタッフ]
河原塚達樹　㈶日本レクリエーション協会
熊谷圭介　㈶日本レクリエーション協会

[デザイン]
M2カンパニー

[イラスト]
石田紘偲

ISBN4-931180-72-8 C2076 ¥900E